Hazel Songhurst

Das große Buch der
SPIONE, DETEKTIVE PIRATEN & FORSCHER

Deutsch von Annemarie Bruhns
und Luzia Czernich

FRANZ SCHNEIDER VERLAG

Die Deutsche Bibliothek – CIP-Einheitsaufnahme

Das grosse Buch der Spione, Detektive, Piraten & Forscher :
[Information, Spiel und Spass] / Hazel Songhurst. Dt. von
Annemarie Bruhns und Luzia Czernich. [Ill.: Dave
McTaggart ...]. – München : F. Schneider, 1994
  ISBN 3-505-00060-4
NE: Songhurst, Hazel; MacTaggart, Dave; Bruhns, Annemarie [Übers.]

© 1994 by Franz Schneider Verlag GmbH
Schleißheimer Straße 267, 80809 München
Alle Rechte vorbehalten
© Zigzag Publishing Ltd. 1994
Übersetzung aus dem Englischen:
Annemarie Bruhns, Luzia Czernich
Illustrationen: Dave McTaggart, Kate Buxton,
Rachael O'Neill, Teresa Foster
Umschlaggestaltung: Adolf Bachmann
Lektorat: Susanne Härtel
Herstellung: Hermann Staltmaier
Satz: FIBO Lichtsatz GmbH, München
Colour separations by RCS Graphics Ltd. UK
Printed by G. Canale & Co. Spa., Italy
ISBN: 3-505-00060-4

INHALT

Teil 1: Spione   5

Teil 2: Detektive   33

Teil 3: Piraten   61

Teil 4: Forscher   89

TEIL 1

SPIONE

INHALT

WAS DU BRAUCHST 8

VERKLEIDUNGEN 10

CODES 12

PERFEKTE VERSTECKE 14

SPIONSPIEL 16

GEHEIMSCHRIFT 18

SEHEN UND HÖREN 20

SIGNALE SENDEN 22

TRICKS UND KNIFFE 24

ÜBERWACHUNG 26

LABYRINTH 28

MEHR ÜBER SPIONE 30

SPIONE-ABC 32

SPIONE

Spione werden auf geheime
und gefährliche Missionen geschickt.
Sie finden wichtige Informationen
heraus, geben geheime Botschaften weiter,
halten Kontakt mit anderen Spionen
und behalten auch ihre Feinde im Auge.

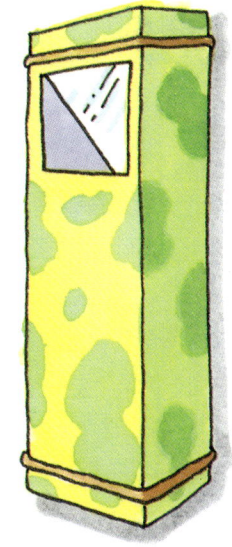

Dieses Kapitel gibt dir Anregungen
für Spionspiele und zeigt dir, Schritt für Schritt,
wie du dir eine Ausrüstung
basteln kannst. Du findest hier Tips für
Verkleidungen und erfährst,
wie man mit einem Periskop um Ecken
und über Mauern schauen kann!

Du lernst, wie sich mit Hilfe von Codes
und unsichtbarer Tinte geheime
Botschaften übermitteln lassen. Du findest hier
auch viele Tips und Tricks, die ein
Spion kennen sollte. Du lernst Fallen zu
stellen und Verfolgern zu entkommen. Das Buch enthält Spiele und
Rätsel und auch Informationen
über echte Spione
und ihre Methoden.

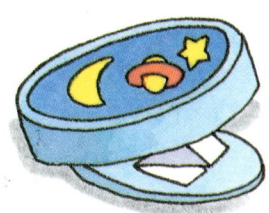

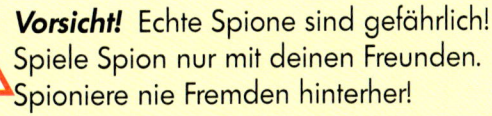

Vorsicht! Echte Spione sind gefährlich!
Spiele Spion nur mit deinen Freunden.
Spioniere nie Fremden hinterher!

farbigen Karton

Pauspapier

Schreibpapier

Taschenlampenbirne

Zitrone

farbiges Papier

Draht

Streichholzschachtel

Knetmasse

Sicherheitsnadeln

gebrauchte Streichhölzer

Körperpuder

Gummiringe

Klebeband

Taschenspiegel

doppelseitiges Klebeband

Korken

Wachskerze

Umgang mit dem Federmesser

Arbeiten mit diesem scharfen Messer laß lieber von einem Erwachsenen durchführen. Wichtig: immer vom Körper weg schneiden. Feste Unterlage aus Holz und dickem Karton benutzen.

Vom Körper weg schneiden

Unterlage zum Schutz des Tisches

Markieren

Mit einem leeren Kugelschreiber fest die Faltlinien entlangfahren.

Fest aufdrücken

VORSICHT!

An scharfen, spitzen und heißen Gegenständen kann man sich verletzen. Bitte bei diesem Warnzeichen einen Erwachsenen um Hilfe.

VERKLEIDUNGEN

Einen Spion darf man nicht erkennen. Hier sind ein paar Anregungen, wie du dein Äußeres verändern kannst.

Hinter einem Hutband kann man geheime Botschaften verstecken.

Falsche Bärte und Schnurrbärte sind leicht zu machen.

Der Hut soll eine breite Krempe haben, damit er das Gesicht verdeckt.

Auch hohe Mantelkrägen verdecken das Gesicht gut.

Falsche Bärte

1 Schneide aus grauem, braunem oder schwarzem Stoff oder Papier einen Halbmond aus.

2 Klebe braune, graue oder schwarze Wollfäden, falschen Pelz oder Watte darauf.

3 Klebe an die Bartenden Schlaufen aus Schnur oder Gummi und befestige sie an den Ohren.

Sammle alte Hüte, Klamotten, Schuhe und Schals als Verkleidungen. Auf Flohmärkten kannst du solche Dinge oft ganz billig bekommen.

Wenn man Körperpuder ins Haar reibt, sieht dunkles Haar grau, blondes Haar weiß aus.

Male dir mit Schminkfarben Falten oder Sommersprossen ins Gesicht.

Verändere deine Frisur oder trage eine Perücke.

Trage eine alte Brille ohne Gläser oder eine Sonnenbrille.

Falsche Schnurrbärte und Augenbrauen

1 Zeichne einen Schnurrbart und Augenbrauen auf Papier, und schneide sie aus.

2 Mit Wolle oder Watte bekleben oder das Papier ausschneiden, damit es buschiger aussieht.

3 Mit doppelseitigem Klebeband im Gesicht festkleben.

CODES

Mit Hilfe eines Codes kann man geheime Botschaften weitergeben. Auch wenn die Nachricht in falsche Hände gerät, bleibt sie geheim.

Strich- und Punkt-Code

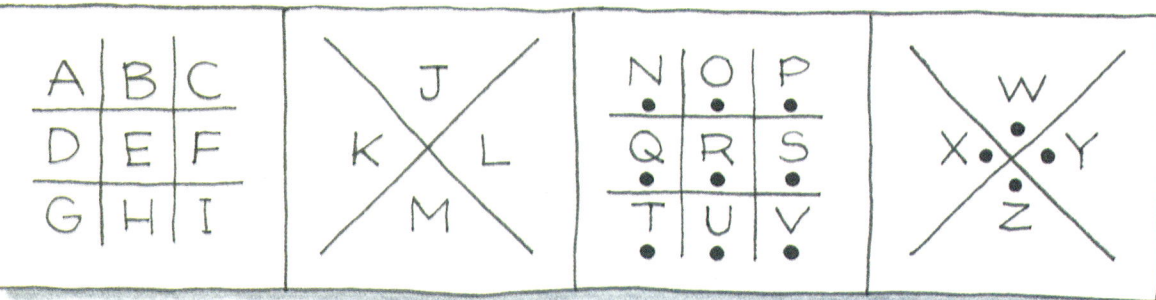

1 Schreibe diese Buchstabenmuster ab. Dein Partner benötigt zum Entschlüsseln der Botschaft auch so ein Muster.

2 Übertrage jedes Muster auf einen kleinen Karton, und klebe die Teile zusammen. So kannst du sie leicht falten und in die Tasche stecken.

3 Betrachte die Linien und Punkte auf dem Muster. Statt Buchstaben zu schreiben kannst du einfach die Linien und Punkte verwenden. ⌐ bedeutet A, ⌐ ist D, und V ist W.

Kannst du diese Botschaft entschlüsseln?

Du könntest die Codes in einer Streichholzschachtel verstecken.

Fenstercode

Dieser Code eignet sich für Nachrichten bis zu 20 Buchstaben.

1 Schneide ein Quadrat – 9 x 9 cm – aus Papier oder Karton aus. Ziehe Linien in 1 cm Abständen.

2 Schneide mit dem Messer so viele kleine Quadrate aus, wie die Nachricht Buchstaben hat.

3 Lege das Quadrat auf ein leeres Blatt. Schreibe je einen Buchstaben der Botschaft immer von links nach rechts in die Lücken.

4 Nimm das Quadrat weg, und fülle zur Tarnung die leeren Flächen des Papiers mit beliebigen Buchstaben.

5 Legst du das Quadrat wieder auf das Papier, kannst du die Nachricht deutlich erkennen.

6 Gib das Quadrat an deinen Partner weiter, oder fertige ein zweites, identisches an.

Versteckte Buchstaben

Du kannst eine geheime Botschaft in einem Brief verstecken. Du nimmst zum Beispiel den ersten und letzten Buchstaben jedes Satzes oder jeweils das erste und letzte Wort.

Erkennst du die Nachricht in diesem Brief?

Du brauchst etwas Übung, damit solch ein Brief natürlich klingt.

> Komme zu Petra und bringe Buch mit. Stefan liest es dann bis Sonntag. Treffen wir die andern heute im Parkcafé?

So arbeiten Spione!

Spiele deiner Kontaktperson heimlich die Nachricht zu, oder hinterlasse sie in einem „toten" Briefkasten (einem hohlen Baum, einem Papierkorb).

Wie viele Verstecke findest du in diesem Bild?

in deinem Schuh (während du vorgibst deinen Schuh zuzubinden, schiebst du die Nachricht unter einen Stein).

Ein Geheimanstecker

Verstecke eine Nachricht darin!

1 Schneide zwei gleich große Kartonscheiben aus. Klebe um eine Scheibe einen 3 mm breiten Streifen aus Karton.

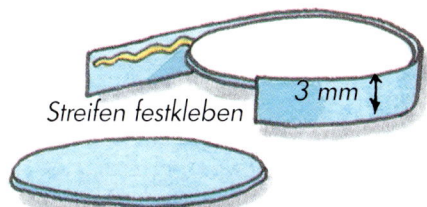

Streifen festkleben

2 Schneide Schmuckformen aus, und klebe sie vorn auf die Scheibe. Klebe die andere Scheibe mit einem Klebstreifen wie einen Deckel an die Rückseite.

Klebstreifenscharnier

gefaltete Botschaft

3 Klebe eine Sicherheitsnadel auf die Rückseite. Lege die Botschaft in den Anstecker.

SPIONSPIEL

Echte Spione sind immer in Gefahr, entdeckt und vom Feind gefangen zu werden. Sie müssen ständig auf der Hut sein.

Pfeilspiel

Spiele zu zweit, und überrumple die feindlichen Spione.

Du brauchst:

Korken
Knetmasse
gebrauchte Streichhölzer
Kleber
Trinkhalme

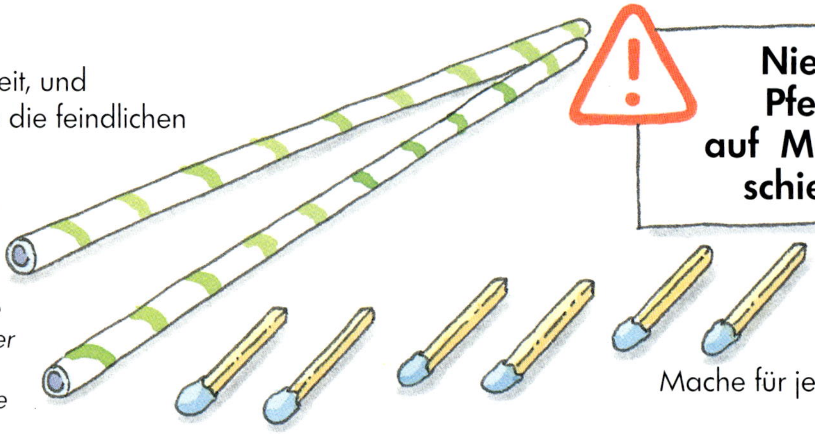

Nie mit Pfeilen auf Menschen schießen!

Mache für jeden 6 Blaspfeile.

1 Blaspfeile: Klebe etwas Knetmasse an das Ende eines Streichholzes. Rolle die Knete zwischen den Fingern, bis das Streichholz in den Trinkhalm paßt. Zum Abschießen in den Halm blasen.

2 Pause die Figuren von Seite 17 für jede Mannschaft einmal auf dünnen Karton ab, schneide sie aus und bemale sie.

3 Jede Figur bekommt auf den Rücken eine Nummer. Mehr darüber auf Seite 17.

4 Schneide (vorsichtig!) einen Schlitz in die Korken, und klebe jeweils eine Figur hinein.

Spielverlauf

1 Jeder Spieler ist ein Spionfänger. Er muß versuchen, die Spione der Gegenmannschaft umzuwerfen.

2 Stelle die Mannschaften an den gegenüberliegenden Tischenden auf.

3 Schieße abwechselnd auf die gegnerischen Spione. Die Figuren müssen umfallen.

4 Wenn alle Pfeile verschossen sind, zähle die Punkte auf den Rückseiten der Figuren zusammen. Der Spieler mit der höchsten Punktezahl hat gewonnen.

Zählen

Jede Mannschaft hat einen Meisterspion, der 10 Punkte zählt.

Jedes Team hat einen Doppelagenten, der 5 Punkte zählt. Triffst du ihn, verdoppelt sich die Gesamtpunktezahl.

Die restlichen Spione zählen 1, 2, 3 und 4 Punkte.

Beide Mannschaften wählen zu Beginn jedes Spiels einen Maulwurf (s. S. 32). Die Nummer wird aufgeschrieben und bis zum Ende geheimgehalten.

Wenn der Gegner den Maulwurf umbläst, werden die Punkte auf dem Rücken dieser Figur vom Ergebnis abgezogen.

Diese Figuren abpausen.

GEHEIMSCHRIFT

Täusche deine Gegner, und schreibe mit Geheimtinte. Deine Freunde müssen aber die Schrift wieder sichtbar machen können.

Unsichtbare Tinte

Der Saft von Orangen, Zitronen und Grapefruit ergibt die beste Tinte. Versuche es auch mit Kartoffelsaft, Zwiebelsaft oder Milch.

Ein Streichholz anspitzen.

Bewahre den Saft in einer sauberen Schraubflasche auf.

1 Halbiere die Frucht. Presse den Saft aus, und gieße ihn in einen Eierbecher.

2 Tauche das Streichholz in den Saft, und schreibe die Nachricht.

3 Beim Trocknen des Safts verschwindet die Schrift.

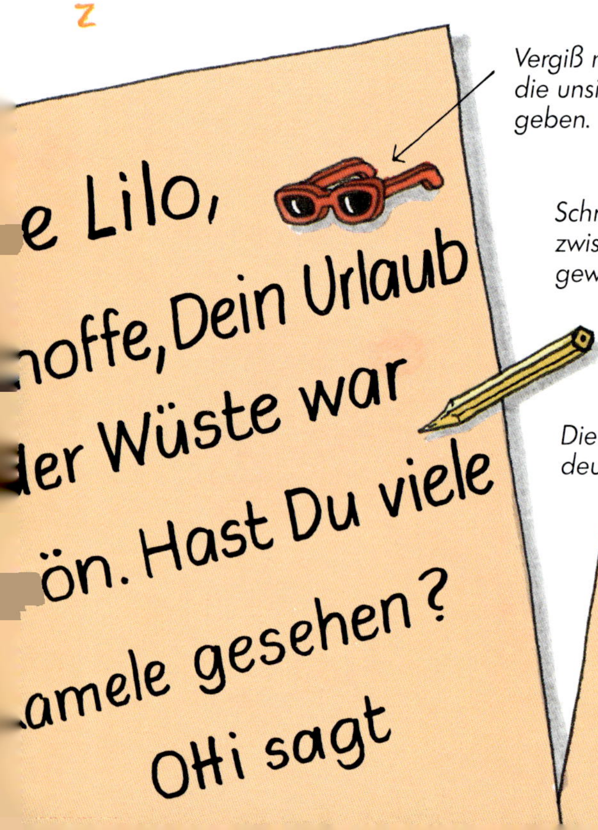

Vergiß nicht, einen Hinweis auf die unsichtbare Botschaft zu geben.

Schreib die Botschaft zwischen die Zeilen eines gewöhnlichen Briefes.

Die Botschaft erscheint in deutlicher brauner Schrift.

Bitte einen Erwachsenen, dir zu helfen!

4 Lege das Papier auf die oberste Schiene eines leicht geheizten Backofens (Gas 2, 150° C). Prüfe alle paar Minuten nach, damit das Papier nicht zu heiß wird.

Zauberstift

Vernichte diese Seite!

1 Schreibe eine Nachricht auf einen Block. Drücke so fest auf, daß der Stift Abdrücke auf der nächsten Seite hinterläßt.

2 Die Linien sollten auf der nächsten Seite schwach zu erkennen sein.

3 Male mit einem Bleistift vorsichtig über das ganze Blatt. Der weiße Text wird deutlich sichtbar.

Wachsschrift

1 Wachse Papier mit einer Kerze ein. Lege es mit der gewachsten Seite auf ein leeres Blatt Papier.

2 Schreibe die Botschaft. Drücke dabei fest auf, damit sich das Wachs auf das leere Blatt überträgt.

3 Um die Botschaft zu lesen, streue Farbpuder auf das Blatt. Der Puder fällt vom Papier ab und bleibt auf der Wachsbotschaft kleben.

Statt des Puders kannst du auch farbigen Kreidestaub, Pulverkaffee oder Farbpulver verwenden.

SEHEN UND HÖREN

Echte Spione haben Spezialgeräte, mit denen sie Gespräche belauschen und Leute heimlich beobachten. Du kannst dir selbst eine Ausrüstung basteln.

Wanzen

In einer „Wanze" ist ein winziges Mikrofon. Versteckt man sie in einem Raum, kann man Gespräche draußen abhören.

Ein Flaschenverschluß, mit Alufolie umhüllt, könnte eine echte Wanze sein.

Wanzen kannst du auch als Süßigkeiten oder Insekten tarnen.

Fülle die Wanze mit Knetmasse, dann kannst du sie überall festkleben. Mit einem kleinen Magneten versehen, haftet sie an Metall.

Verstecke

Spinne mit Pfeifenputzerbeinen

Lakritzwanze

Wanze in Bonbonpapier versteckt

Blumenwanze mit Papierblättchen

Marienkäferwanze

Fliegenwanze mit Plastikflügeln

unter der Tischplatte

hinter einem Abflußrohr

in einer Pflanze

unter dem Telefon

Wanzenspiel

1 Würfeln. Wer die höchste Punktezahl hat, versteckt die Wanzen.

2 Die anderen Spieler verlassen den Raum und zählen bis 100.

3 Die Spieler kommen zurück und suchen die Wanzen. Zeitgrenze: 5 Minuten.

4 Wer die meisten Wanzen findet, darf sie in der nächsten Runde verstecken.

Periskop

Mit einem Periskop kann man heimlich um Ecken und über Mauern spähen.

Du brauchst:
ein Stück Karton (20 x 60 cm) oder eine leere Rolle Alu- oder Klarsichtfolie
2 Taschenspiegel
Schere
Gummiringe
Stift und Lineal

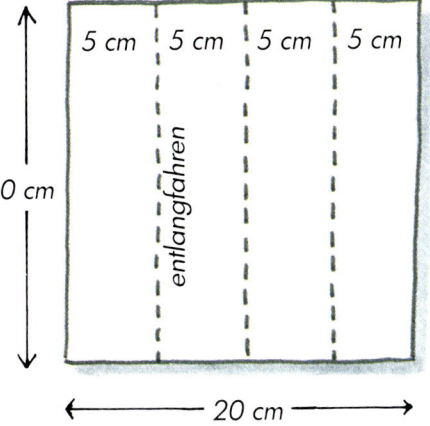

1 Ziehe 3 Linien, wie abgebildet, in 5 cm Abstand. Kerbe sie ein, so daß sich der Karton knicken läßt.

2 Ziehe 6 cm von oben und unten zwei Linien. Schneide die unten angegebenen Rechtecke aus.

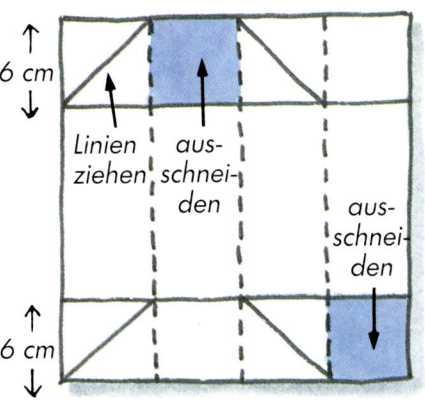

3 Ziehe, wie abgebildet, vier diagonale Linien durch die Rechtecke.

4 Knicke den Karton um, so daß eine Röhre entsteht. Halte die Enden mit Gummiringen zusammen. Setze entlang der Diagonallinien die Spiegel ein.

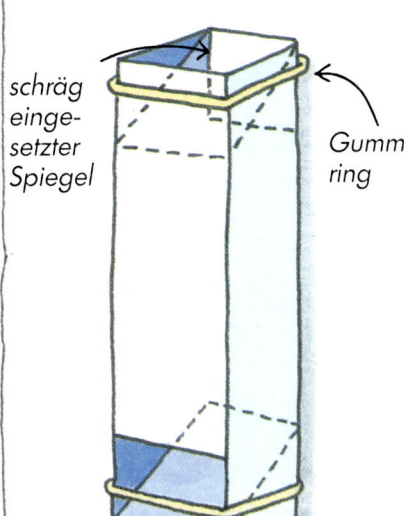

Richte den Winkel der Spiegel so ein, daß das Bild des oberen (wenn du das Periskop knapp über eine Mauer hältst), im unteren reflektiert wird.

Fallen die Spiegel heraus, ziehe den Gummi straffer.

Zur Tarnung kannst du das Periskop mit Blättern aus Papier bekleben.

SIGNALE SENDEN

In Gefahrensituationen ist es wichtig, dringende Botschaften senden zu können. Bastle dir eine Morselampe, und rufe schnell um Hilfe!

Morselampe

Du brauchst:
eine 4,5-V-Batterie mit flachen Kontakten
Taschenlampenbirnchen
Kartonstreifen, zusammengeklappt
Streichholzschachtel
2 x 20 cm lange Drähte
1 x 10 cm langer Draht
Knetmasse, Klebeband, Folie

1 Ziehe die Drahtenden etwa 4 cm ab.

2 Wickel die langen Drähte um die Kontakte der Batterie, und befestige sie mit Klebeband.

3 Wickle das lose Ende eines langen Drahtes um die Glühbirne. Befestige mit Klebeband ein Ende des kurzen Drahtes an der Fassung der Birne.

4 Wickle ein Stück Alufolie um das freie Ende des zweiten langen Drahts. Befestige es mit Knetmasse auf dem Kartonstreifen.

5 Wickle Alufolie um das freie Ende des kurzen Drahts und klebe es auf das andere Ende des Kartons

6 Klappe den Karton so zusammen, daß die Folienstücke sich berühren. Nun müßte das Birnchen aufleuchten.

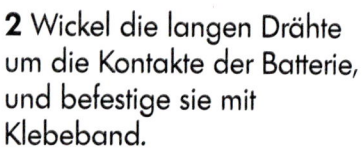

Schneide Löcher in eine Streichholzschachtel, ziehe das Birnchen und die Drähte durch.

Sollte das Birnchen nicht leuchten, überprüfe, ob alle Drähte gut befestigt sind.

Wie sendet man Morsesignale?

Das ist der Morse-Code. Jedem Buchstaben entspricht eine bestimmte Anordnung von Punkten und Strichen. Man verwendet kurze Lichtsignale für Punkte und lange Signale für Striche.

● kurzes Signal
▬ langes Signal

A	B	C	D	E	F
·—	—···	—·—·	—··	·	··—·
G	H	I	J	K	L
——·	····	··	·———	—·—	·—··
M	N	O	P	Q	R
——	—·	———	·——·	——·—	·—·
S	T	U	V	W	X
···	—	··—	···—	·——	—··—
Y	Z				
—·——	——··				

Du kannst Botschaften auch mit einer Taschenlampe oder einem Spiegel morsen.
Zweimal: Gefahr!
Dreimal: alles klar!

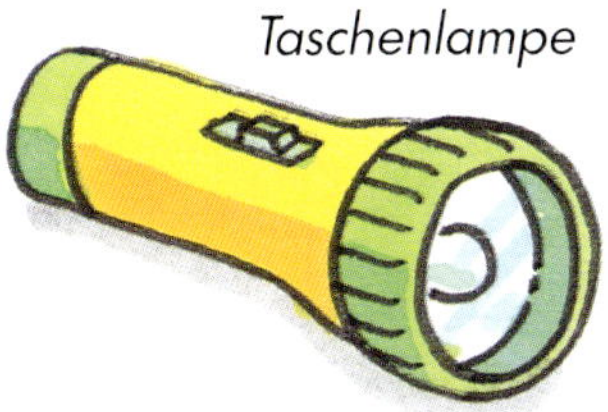

Taschenlampe  *Spiegel*

Körpersprache

Vereinbare Zeichen. Nasereiben könnte etwa bedeuten: „Wir treffen uns später."

Am Ohr kratzen: „Ich rufe dich an!"

Augenreiben: „Vorsicht, du wirst beobachtet!"

Am Kopf kratzen: „Mache nichts!"

Hände auf dem Rücken: „Jetzt keine Nachricht möglich!"

Eine Hand in der Tasche: „Ja!"

Beide Hände in der Tasche: „Nein!"

TRICKS UND KNIFFE

Ein schlauer Spion muß viele Tricks und Kniffe beherrschen, um seine Feinde auszuschalten. Hier sind ein paar wichtige.

Spionfallen

Wie erkennst du, ob ein feindlicher Spion in deinem Zimmer war? Mit folgenden Tricks kannst du es erkennen.

Wird die Tür geöffnet, reißt das Haar.

Kommt jemand herein, fällt die Schachtel.

Den Faden unten festkleben.

Klebe ein Haar über die Tür oder die Schublade. Wenn du zurückkommst, prüfe, ob es noch da ist.

Klebe einen Faden an eine mit Reis gefüllte Schachtel. Klebe das andere Fadenende an die Tür, lege die Schachtel auf den Türrahmen.

Klebe einen dünnen Faden dicht über dem Boden an den Türrahmen. Geht jemand durch, fällt der Faden herunter.

Markiere die Position von Möbelstücken und anderen Dingen vorsichtig mit Kreide. Dann siehst du, ob etwas bewegt wurde.

Streue Talkumpuder auf den Boden. Dadurch werden die Fußabdrücke eines Eindringlings sichtbar.

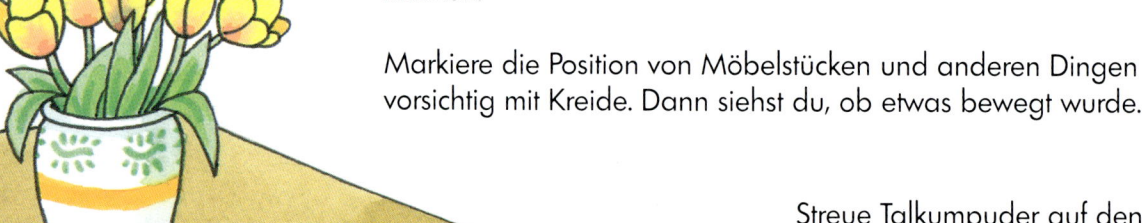

Bevor du diese Fallen stellst, solltest du einen Erwachsenen um Erlaubnis fragen!

Verfolger abschütteln

Probiere diese Tricks mit einem Freund aus, der dich verfolgen soll.

Gehe zu einer Menschenmenge. Dort bist du vor Blicken geschützt.

Dreh dich plötzlich nach deinem Verfolger um. Dreht er sich um oder geht weg, laufe in eine Seitengasse.

Schnelle Verkleidung: Gehe in einen Hausflur. Verändere dort dein Aussehen.

Richtungsänderungen: Gehe einen Zickzackweg, oder wähle einen langen Umweg.

Gehe ums Eck, setze dich auf eine Bank und verstecke dein Gesicht hinter einer Zeitung.

Mach eine Puppe

Wenn du glaubst, daß dich jemand vor dem Haus beobachtet, dann mache eine Puppe. Ziehe deine Kleidung über ein Kissen, und stelle es nah ans Fenster. Verlasse das Haus durch die Hintertür. Dein Verfolger kann nun deine Puppe beobachten.

ÜBERWACHUNG

Regierungen schicken Satelliten ins All und Flugzeuge in die Luft, um Informationen über andere Länder zu erhalten.

Versteckte Kamera

Eine Kamera ist sehr nützlich für einen Spion, um Beweise zu sammeln. Wenn du keine eigene Kamera besitzt, dann leihe dir eine aus oder kaufe eines dieser kleinen Billiggeräte.

Es gibt viele Möglichkeiten, die Kamera und dich selbst zu tarnen, so daß niemand bemerkt, daß du Bilder machst.

Beim Fahren das Autofenster herunterkurbeln.

Die Kamera bis zum letzten Augenblick unter dem Mantel verbergen.

Die Kamera in einer Tasche verstecken.

Dich hinter einer Zeitung verstecken, in die du ein Fenster für die Kamera geschnitten hast.

Tue so, als wolltest du in die andere Richtung fotografieren, dann drehe dich rasch um.

Verstecke dich hinter oder in einem Baum

Simon Spions Bilder

Dieses Foto hat Simon Spion aufgenommen. Kannst du verdächtige Dinge entdecken?

Beobachtungsflugzeug

Bastle dir ein kleines Flugzeug, und laß es über dem Gebiet des Gegners fliegen.

Du brauchst:
gebrauchte Streichhölzer
Gummiringe, Stift
buntes Papier
bunten Karton
Kleber
Schere

beginne in der Ecke

die Kante festkleben

schräg abschneiden

1 Schneide ein Papierdreieck aus, dessen Kanten so lang sind wie der Stift. Dies ergibt den Flugzeugrumpf.

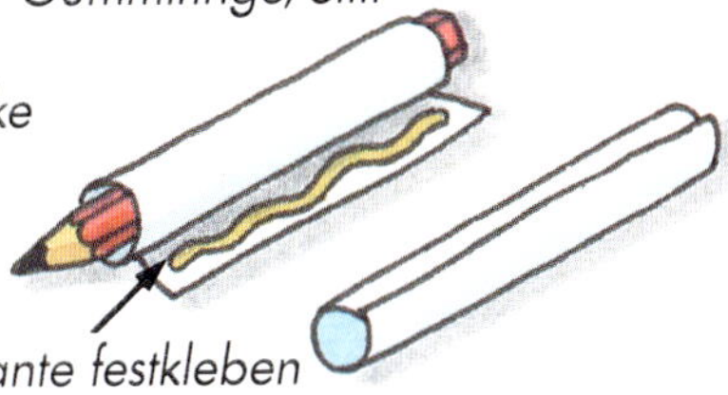

2 Klebe die Kante fest, und ziehe den Stift heraus.

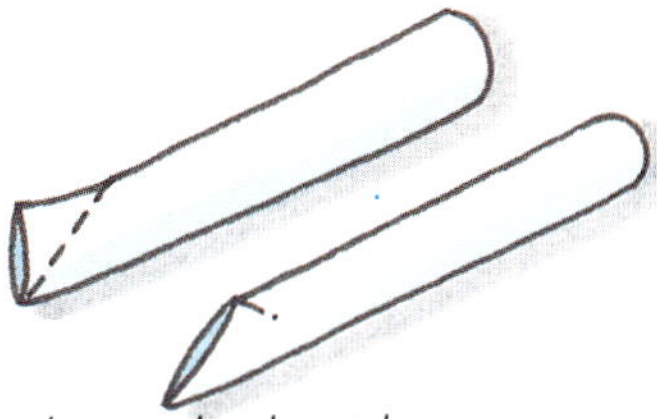

3 Drücke ein Ende zusammen, und klebe es zu. Schneide es schräg ab.

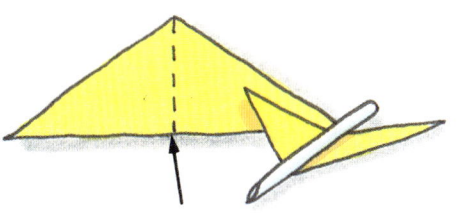

einkerben und knicken

Schlitz, 4 cm lang

Streichholz schräg hineinkleben

4 Für die Flügel nimmst du ein Dreieck aus Karton. Kerbe ihn entlang der Mittellinie und an den Flügelspitzen. Klebe ihn an den Rumpf.

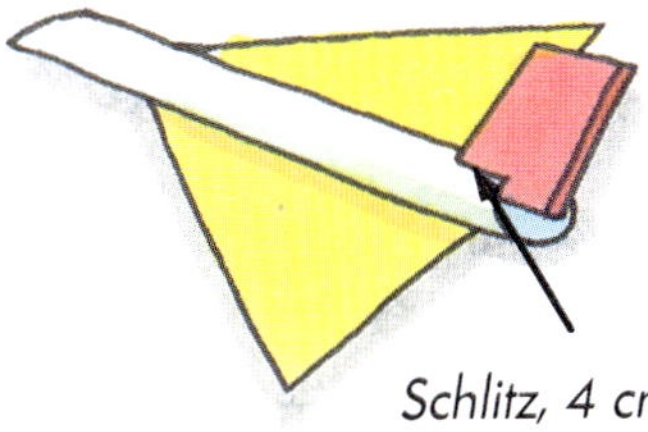

5 Schneide eine Heckflosse. Schneide das Rumpfende ein, schiebe die Flosse hinein und klebe sie fest.

6 Bohre unter der „Rumpfnase" ein Loch, und klebe ein Streichholz schräg hinein.

Fliegen lassen

Hake einen Gummiring in das Streichholz ein. Ziehe mit einer Hand die Heckflosse nach hinten, mit der anderen den Gummiring nach vorn. Loslassen – weg fliegt es!

Steigt das Flugzeug zu steil hoch, biege die Flügelspitzen nach unten.

Stürzt das Flugzeug ab, biege die Spitzen hoch.

Spionage-Flugspiel

Verteile farbige Papierbögen als Gebiete auf dem Boden. Wenn dein Flugzeug ein gegnerisches Gebiet überfliegt, erhältst du 5 Punkte. Wenn es landet, bekommst du 10 Punkte.

LABYRINTH

Spion

MEHR ÜBER SPIONE

Hilfsmittel und Tricks

Hier stellen wir dir ein paar der technischen Hilfsmittel vor, die von echten Spionen heute verwendet werden – meistens bei der sogenannten Industriespionage.

Wanzendetektor: ein elektronisches Gerät, mit dem man versteckte Wanzen aufspüren kann.

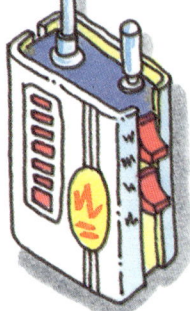

Füllersender (Wanze): überträgt Gespräche bis zu 100 m Entfernung.

Telefonsender (Wanze): ein winziges im Telefon verstecktes Aufnahmegerät, das die Gespräche beider Seiten aufzeichnet, sobald gesprochen wird.

Nachtsichtgerät: damit kann man im Dunkeln klar sehen.

Digitaler Stimmenveränderer: ein Mikrofon, das über der Sprechmuschel des Telefons angebracht ist und Männerstimmen wie Frauenstimmen und umgekehrt klingen läßt.

Video-Aktenkoffer: ein Spezialkoffer mit eingebauter Videokamera. Die Linse ist so groß wie ein Stecknadelkopf. Mit dem Zahlenschloß des Koffers wird sie bedient.

Ohrspion: ein winziges Gerät im Ohr, mit dem man Nachrichten einer Kontaktperson empfangen kann. Mit Hilfe eines kleinen Mikrofons (unter dem Kragen) kann man antworten.

Lasergerät: ein Laserstrahl wird auf ein Fenster gerichtet. Er kann das Gespräch entschlüsseln, indem er die Schwingungen im Glas, die die Stimmen erzeugen, analysiert.

„Antennenkamera": sieht wie eine gewöhnliche Autoantenne aus, innen ist aber eine kleine Linse versteckt. Die restliche Kamera befindet sich im Auto.

Berühmte Spione

500 v. Chr. übermittelte ein griechischer Spion eine perfekt getarnte Botschaft: Sie war auf dem Kopf eintätowiert. Zum Lesen mußten die Haare abrasiert werden.

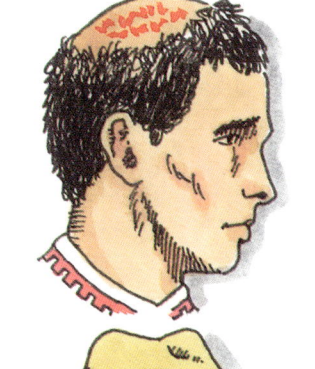

Lord Baden-Powell, Gründer der Pfadfinderbewegung, lernte alles über Schmetterlinge, bevor er getarnt als Schmetterlingssammler bei einer militärischen Aktion teilnahm. Informationen über gegnerische Waffen versteckte er in Zeichnungen, die er von Schmetterlingsflügeln anfertigte.

Charles de Beaumont war ein französischer Spion im 18. Jahrhundert. Als Frau verkleidet, wurde er an den russischen Hof geschickt. Er war so erfolgreich, daß ihn die Zarin sogar zu ihrer Hofdame ernannte.

Mata Hari, eine berühmte holländische Spionin im 1. Weltkrieg. Sie hieß Gertrude Zelle, wurde Tänzerin in Paris und arbeitete für den deutschen und den französischen Geheimdienst. Sie war keiner Seite treu, wurde schließlich verhaftet und von einem Erschießungskommando hingerichtet.

Weltweite Geheimdienste

Fast alle Länder haben Geheimdienste. Ihre Aufgabe ist es, Informationen über Vorgänge in anderen Ländern zu sammeln. Hier sind einige dieser Geheimdienste:

CIA	der zentrale Geheimdienst der USA
FBI	die Spionageabwehr der USA
MI6	Großbritanniens internationaler Geheimdienst
MI5	Großbritanniens interner Geheimdienst, der eng mit Spezialeinheiten der Polizei zusammenarbeitet
KGB	Geheimdienst der früheren UdSSR
ASIO	Geheimdienst von Australien
BOSS	Geheimdienst von Südafrika
CESID	Geheimdienst von Spanien
CSIS	Geheimdienst von Kanada

SPIONE-ABC

Agent ein anderes Wort für Spion
Auskundschaften Vorbereiten einer größeren Aktion
Beschatten einem Feind heimlich folgen
Codieren eine Nachricht verschlüsseln
Deckname der Name, unter dem der Spion bekannt ist
Decodieren eine Nachricht entschlüsseln
Doppelagent ein Spion, der für zwei Länder gleichzeitig arbeitet
Dreiunddreißig ein Notfall
Fallen lassen eine Nachricht für einen anderen Spion hinterlassen
Fälscher er stellt falsche Pässe her
Jäger ein Spion, der feindliche Spione aufspürt
Klinik Gefängnis
Kontaktmann Mitglied eines Spionagerings
Künstler ein Spion, der Häuser beobachtet
Maulwurf ein Spion, der sich beim feindlichen Geheimdienst einschleicht, um Geheimnisse zu stehlen

Pflanzen etwas verstecken, z. B. eine Wanze
Privatisieren den Geheimdienst verlassen
Schatten ein Spion, der einem anderen folgt
Schuh gefälschter Paß
Sicheres Haus Versteck
Spaziergänger ein Spion, der ein Sprechfunkgerät benutzt
Spionagering eine Gruppe von Spionen
Topspion wichtiger Spion
Toter Briefkasten ein Ort, an dem Nachrichten versteckt werden
Umdrehen ein Spion wird gefaßt und gezwungen, für die Gegenseite zu arbeiten
Verbrannt ein Spion, der vom Feind entdeckt wurde
Verdeckter Spion ein getarnter Spion
Wanze ein winziges, verstecktes Abhörgerät

Tatsache?

● Die ersten uns bekannten Spione tauchen in der Bibel auf. Moses schickte auf seiner langen Wanderung einige Israeliten voraus nach Kanaan, wo sie ausspionieren sollten, ob dort für die Flüchtlinge Gefahr herrsche.

● Spion nennt man auch das kleine Guckloch in der Wohnungstür, durch das man vor dem Öffnen sehen kann, wer draußen steht.

TEIL 2

DETEKTIVE

INHALT

WAS DU BRAUCHST 36

DER FALL 38

TATORT 40

VERNEHMUNG 42

PHANTOMBILD 44

NACHRICHTEN / VERKLEIDUNG 46/47

AUF SPURENSUCHE 48

BEOBACHTUNG 50

AUF DER FÄHRTE 52

DER WAHRHEITSTEST 54

VERHAFTET 56

MEHR ÜBER DETEKTIVE 58

DETEKTIV-ABC 60

DETEKTIVE

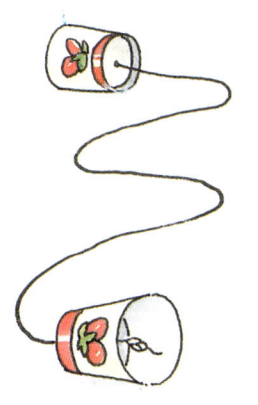

Nachdem ein Verbrechen begangen wurde, versuchen Detektive möglichst viel darüber zu erfahren. Sie suchen nach Spuren, reden mit Zeugen und sammeln so viele Informationen wie möglich.

In diesem Kapitel ist Detektiv Dan auf der Suche nach den aus Oakwood Hall gestohlenen Juwelen. Du kannst ihm bei der Lösung dieses Falles helfen und dir eine eigene Detektivausrüstung zulegen.

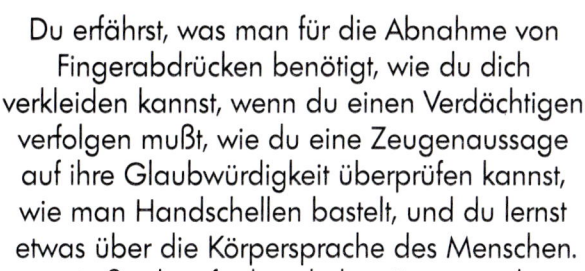

Du erfährst, was man für die Abnahme von Fingerabdrücken benötigt, wie du dich verkleiden kannst, wenn du einen Verdächtigen verfolgen mußt, wie du eine Zeugenaussage auf ihre Glaubwürdigkeit überprüfen kannst, wie man Handschellen bastelt, und du lernst etwas über die Körpersprache des Menschen. Außerdem findest du hier Tips, wie du spielend deinen Beobachtungssinn und dein Gedächtnis schärfen kannst.

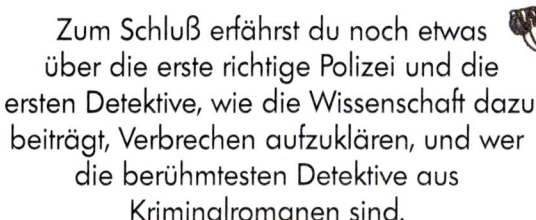

Zum Schluß erfährst du noch etwas über die erste richtige Polizei und die ersten Detektive, wie die Wissenschaft dazu beiträgt, Verbrechen aufzuklären, und wer die berühmtesten Detektive aus Kriminalromanen sind.

> ⚠️ **Vorsicht!** Ein Detektiv lebt gefährlich! Detektiv solltest du nur mit deinen Freunden spielen. Verfolge und beschatte nie Fremde!

WAS DU BRAUCHST

Auf diesen beiden Seiten ist abgebildet,
was du für die Spiele und Bastelarbeiten alles benötigst.

Schwamm

Alufolie

Schminke

Korken

Plastikbecher

Schraubenglasdeckel

Klebeband

Flachbatterie (4,5 Volt)

Schnur

Büroklammern

Illustrierte

Taschenlampenbirne

Birnenfassung

große Streichholzschachtel

Pauspapier

farbiges Papier

Kupferdraht

Körperpuder

Gummiband

bunten Karton

36

Kugelschreiber

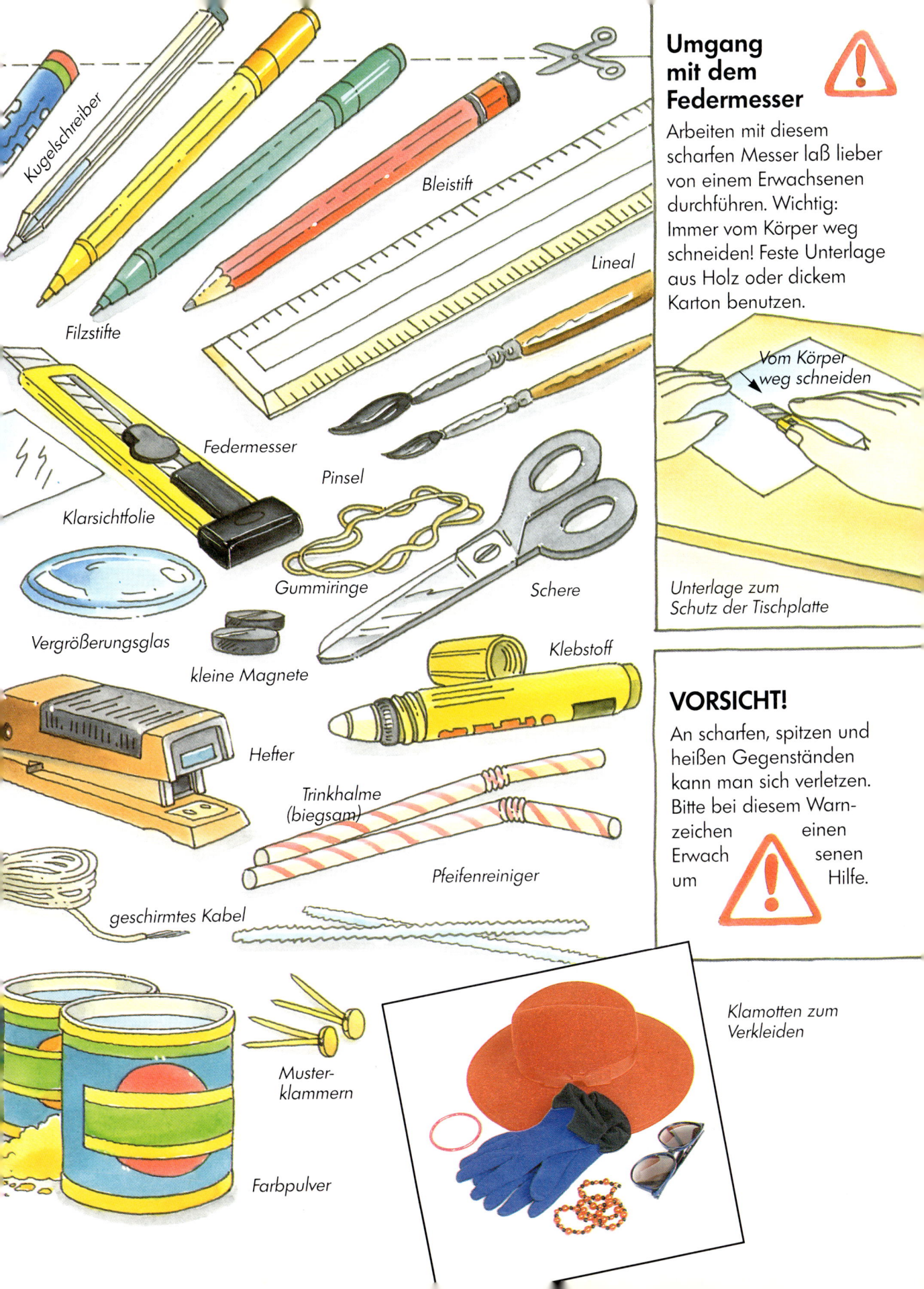

Filzstifte

Bleistift

Lineal

Federmesser

Pinsel

Klarsichtfolie

Gummiringe

Schere

Vergrößerungsglas

kleine Magnete

Klebstoff

Hefter

Trinkhalme (biegsam)

Pfeifenreiniger

geschirmtes Kabel

Musterklammern

Farbpulver

Klamotten zum Verkleiden

Umgang mit dem Federmesser

Arbeiten mit diesem scharfen Messer laß lieber von einem Erwachsenen durchführen. Wichtig: Immer vom Körper weg schneiden! Feste Unterlage aus Holz oder dickem Karton benutzen.

Vom Körper weg schneiden

Unterlage zum Schutz der Tischplatte

VORSICHT!

An scharfen, spitzen und heißen Gegenständen kann man sich verletzen. Bitte bei diesem Warnzeichen einen Erwachsenen um Hilfe.

DER FALL

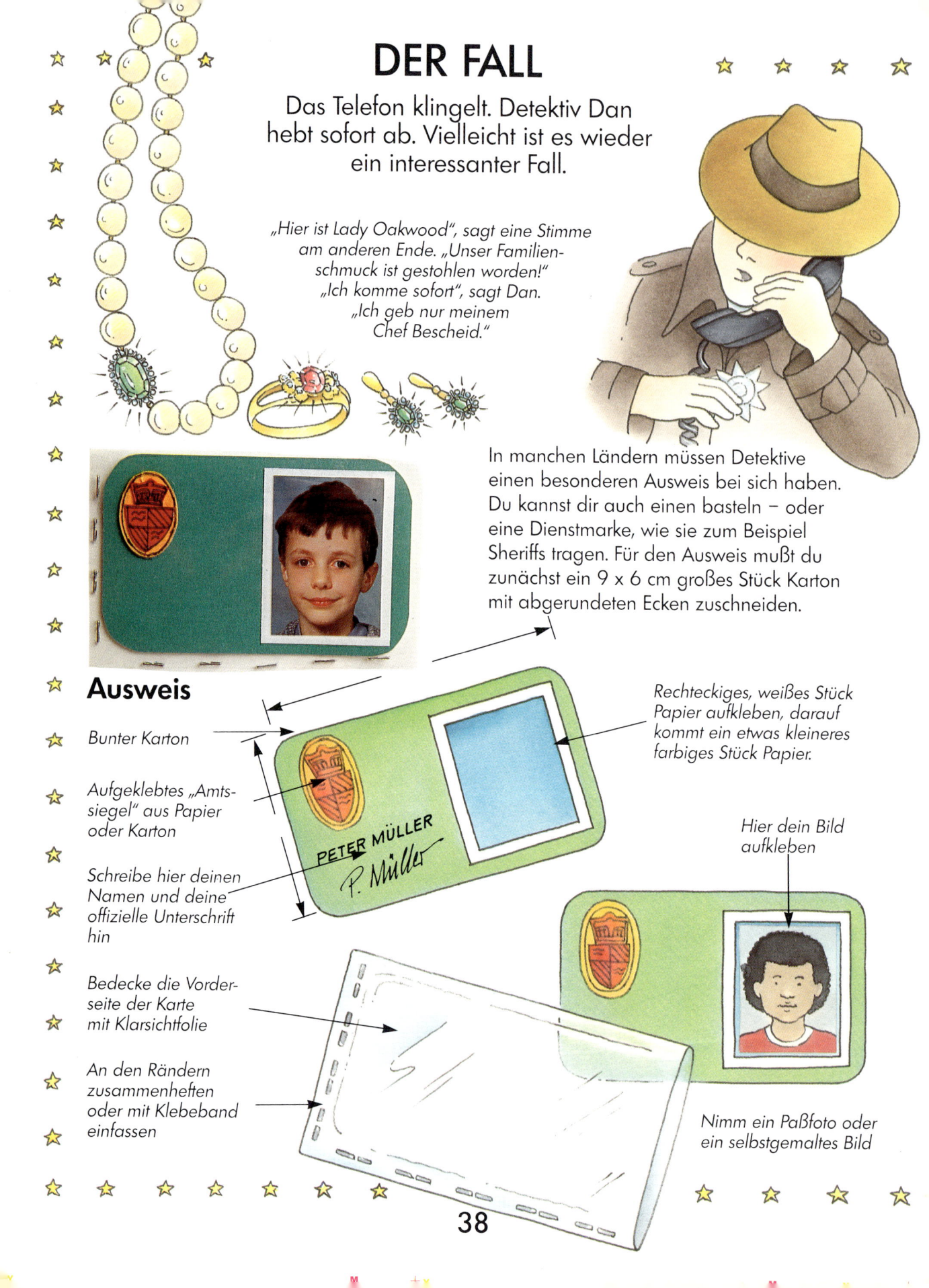

Das Telefon klingelt. Detektiv Dan hebt sofort ab. Vielleicht ist es wieder ein interessanter Fall.

*„Hier ist Lady Oakwood", sagt eine Stimme am anderen Ende. „Unser Familienschmuck ist gestohlen worden!"
„Ich komme sofort", sagt Dan. „Ich geb nur meinem Chef Bescheid."*

In manchen Ländern müssen Detektive einen besonderen Ausweis bei sich haben. Du kannst dir auch einen basteln – oder eine Dienstmarke, wie sie zum Beispiel Sheriffs tragen. Für den Ausweis mußt du zunächst ein 9 x 6 cm großes Stück Karton mit abgerundeten Ecken zuschneiden.

Ausweis

Bunter Karton

Aufgeklebtes „Amtssiegel" aus Papier oder Karton

Schreibe hier deinen Namen und deine offizielle Unterschrift hin

Bedecke die Vorderseite der Karte mit Klarsichtfolie

An den Rändern zusammenheften oder mit Klebeband einfassen

Rechteckiges, weißes Stück Papier aufkleben, darauf kommt ein etwas kleineres farbiges Stück Papier.

Hier dein Bild aufkleben

Nimm ein Paßfoto oder ein selbstgemaltes Bild

Dienstmarke

Diese Dienstmarke kannst du versteckt auf der Innenseite deiner Jacke tragen, wenn du auf Spurensuche gehst.

Für die Dienstmarke benötigst du Karton und Alufolie

1 Stern auf Karton zeichnen und ausschneiden.

Klebe einen Alufolien-Kreis auf den Stern

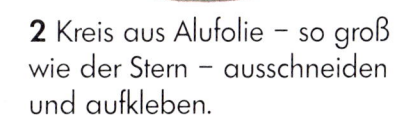

2 Kreis aus Alufolie – so groß wie der Stern – ausschneiden und aufkleben.

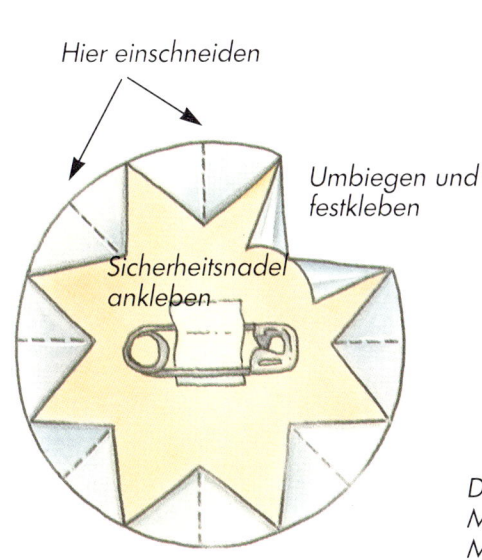

Hier einschneiden

Umbiegen und festkleben

Sicherheitsnadel ankleben

3 Folienränder wie abgebildet ankleben. Sicherheitsnadel mit Klebeband befestigen.

Mit Kugelschreiber ohne Mine Muster ziehen

Du kannst in der Mitte eine Musterklammer durchstecken

TATORT

Als Dan in Oakwood Hall eintrifft, um den Juwelendiebstahl zu untersuchen, wird er von Fenella Oakwood, der neuen Frau von Lord Oakwood, begrüßt.

Teil 1

Lady Oakwood führt Detektiv Dan zum Tatort. Das Zimmer ist ein einziges Durcheinander: Stühle sind umgekippt, ein Fenster ist zerbrochen, und der Wandsafe, in dem die Juwelen waren, steht weit offen.

Dan schaut sich sorgfältig um und überlegt. Dann sucht er nach Fingerabdrücken und beginnt sie abzunehmen.

Der Safe wurde nicht mit Gewalt geöffnet

Warum sind die Stühle umgekippt und die Schubladen aufgezogen?

Wenn der Dieb durch das Fenster kam – warum liegt dann kein zerbrochenes Glas im Zimmer?

Fingerabdrücke

Sammle Fingerabdrücke von verschiedenen Leuten. Vielleicht mußt du sie mit den am Tatort vorgefundenen vergleichen.

1 Drücke die Fingerkuppen eines Verdächtigen auf ein Stempelkissen und dann auf ein Blatt Papier.

2 Nimm von allen Fingern einen Abdruck, auch von den Daumen. Klebe sie in ein Notizbuch, und schreib dazu, wem sie gehören.

Fingerabdruck-Ausrüstung

Jeder Mensch hat ein ganz besonderes Muster auf seinen Fingerkuppen, also hat auch niemand ganz genau denselben Fingerabdruck wie ein anderer Mensch. Abdrücke können daher sehr wichtige Hinweise geben. Mit dieser Ausrüstung kannst du Fingerabdrücke von Verdächtigen abnehmen.

Vergrößerungsglas zum Prüfen von Fingerabdrücken

Ein Stempelkissen

1 Schneide ein Stück Schwamm so zu, daß es in den Deckel eines Glases paßt.

Nach dem Gebrauch mit einem anderen Deckel verschließen.

2 Rühre aus Farbe und Wasser „Tinte" an, und gib sie auf den Schwamm.

Abdruck-Puder

Puder macht Fingerabdrücke sichtbar. Nimm für dunkle Gegenstände hellen und für helle Gegenstände dunklen Puder.

Schwarzes Farbpulver oder von einer Bleistiftmine geschabtes Pulver macht hellen Puder dunkel.

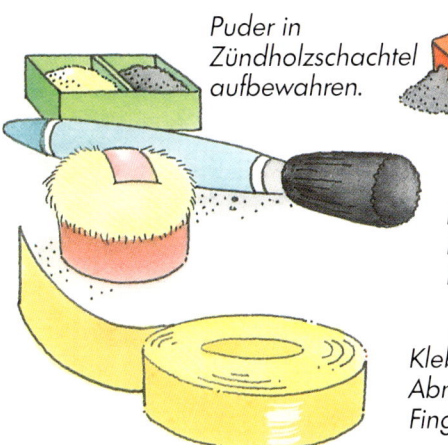

Puder in Zündholzschachtel aufbewahren.

Für den hellen Puder Körperpuder oder Puderquaste benutzen.

Klebeband zum Abnehmen der Fingerabdrücke

So wird's gemacht

1 Puder auf Tassen, Gläser, Türgriffe oder wo sonst Abdrücke sein könnten auftragen. **Erwachsene erst um Erlaubnis bitten!**

2 Überflüssigen Puder vorsichtig wegblasen. Fingerabdrücke werden sichtbar.

3 Klebeband auf den Abdruck drücken, dann vorsichtig mit dem Puderabdruck wieder lösen.

4 Prüfe den Fingerabdruck mit einem Vergrößerungsglas. Sieht er einem Abdruck in deinem Notizbuch ähnlich?

VERNEHMUNG

Um herauszubekommen, was wirklich passiert ist, befragt Detektiv Dan Lord und Lady Oakwood sowie deren zwei Gäste.

Teil 2

Dan vernimmt jede Person einzeln und schreibt ihre Aussagen in sein Notizbuch. Er notiert auch, was ihm ihre Körpersprache – also wie sie sich bei der Vernehmung verhalten – verrät.

Lord Anthony Oakwood
Bestürzt und entsetzt. Hat nichts gehört und nichts gesehen. 

Lady Fenella Oakwood
Entdeckte Diebstahl. Ruhig und gefaßt. Hat nichts gehört und nichts gesehen.

Rupert Wright
Verlobt mit Laura Mackenzie. Ziemlich nervös. Kaut ständig auf seiner Lippe herum. Hat nichts gehört und nichts gesehen.

Laura Mackenzie
Lady Oakwoods Freundin. Verlobt mit Rupert Wright. Rot im Gesicht, fummelt dauernd an ihrem Haar herum. Hat nachts Glas klirren hören.

Bastel dir ein Notizbuch

Notiere in diesem Detektiv-Notizbuch alle Hinweise und Informationen, die du findest. Schreib auch hinein, was die Befragten bei der Vernehmung ausgesagt haben.

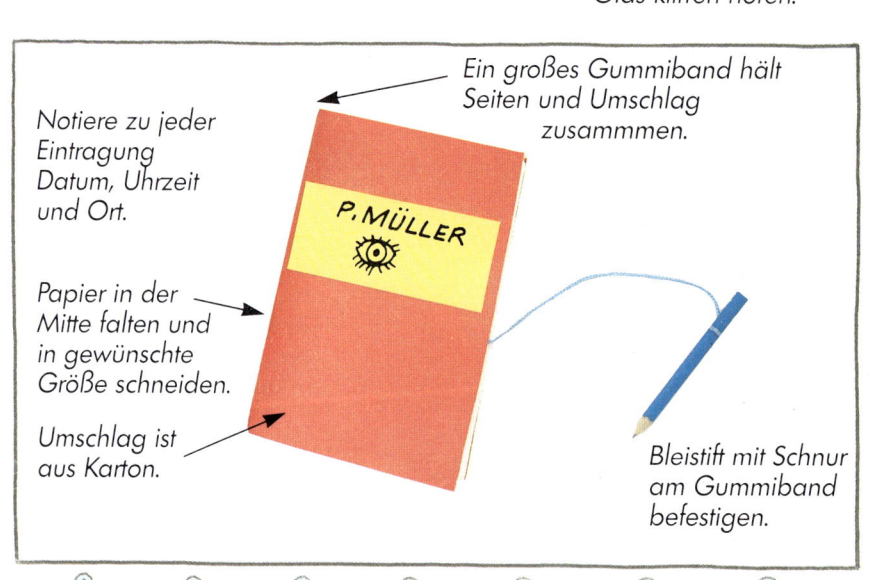

- Notiere zu jeder Eintragung Datum, Uhrzeit und Ort.
- Papier in der Mitte falten und in gewünschte Größe schneiden.
- Umschlag ist aus Karton.
- Ein großes Gummiband hält Seiten und Umschlag zusammen.
- Bleistift mit Schnur am Gummiband befestigen.

Vernehmung

Vernimm jede Person einzeln. Stelle ihnen Fragen. Notiere, was sie sagen. Beobachte, wie sie sich während der Vernehmung verhalten – daran kannst du erkennen, ob sie ehrlich sind.

Denk daran, daß ein hartgesottener Verbrecher sich gut verstellen kann. Eine unschuldige Person kann dagegen schuldig aussehen – nur weil sie Angst hat!

Sind alle über den Vorfall einer Meinung?

Hat eine Person etwas gesagt, was den Aussagen der anderen widerspricht?

Benimmt sich eine Person irgendwie verdächtig?

Lippenbeißen: hat vielleicht Angst, zuviel zu sagen

Nägelbeißen oder mit den Fingern spielen: nervös

Herumzupfen an Kleidung oder Gesicht: nervös

Hände in die Hüften gestemmt und abgewandt: trotzig und aggressiv

Handflächen offen nach oben gehalten: offen und ehrlich

Vorwärtsgebeugt mit geschlossenen Händen: aggressiv, vielleicht auch zornig

Arme und Beine gekreuzt: Abwehr; er/sie wird vermutlich nicht alles aussagen.

Lügen

Die folgenden Gesten können Anzeichen dafür sein, daß eine Person lügt. Dann könntest du den Lügendetektor (Seite 54) einsetzen.

einem nicht in die Augen blicken

häufiges Zwinkern

am Auge reiben

die Nase reiben

Mund mit der Hand bedecken

Beobachtungssinn

Versuche auf einer Bus- oder Bahnreise Alter, Beruf und Charaktereigenschaften von Mitreisenden abzuschätzen. Du kannst dir auch einen Namen und eine Geschichte zu den Leuten ausdenken.

PHANTOMBILD

Am nächsten Tag besucht Laura Mackenzie, also die Freundin von Lady Oakwood, Detektiv Dan in seinem Büro. Sie hat ihm etwas Wichtiges mitzuteilen.

Teil 3

„Mir ist gerade etwas eingefallen", sagt Laura. „Am Tag vor dem Einbruch habe ich in der Nähe von Oakwood Hall einen Mann gesehen – einen Fremden."

„Können Sie ihn mir beschreiben?" fragt Dan. Um ihrem Gedächtnis nachzuhelfen, zeigt Dan ihr Gesichter aus seiner Phantombild-Kartei. Schließlich gelingt es ihnen, das Gesicht des Fremden zu rekonstruieren.

Allerlei Gesichter

Für ein Phantombild braucht man als erstes ein paar grundsätzliche Einzelheiten wie Form und Farbe des gesuchten Gesichts.

Danach folgen genauere Angaben über Nase, Mund, Augen, Ohren und Kinn.

ovales Gesicht — *rundes Gesicht* — *eckiges Gesicht*

rote Haare, rötlicher Teint — *dunkle Haare, brauner Teint* — *blonde Haare, heller Teint*

große Ohren, *braune Augen*, *kleiner Mund*

spitze Ohren, *lange Nase*, *großer Mund*, *kleine Nase*

große Augen, *braune Augen*, *kleine runde Ohren*, *große Nase*, *schmaler Mund*

Phantombild-Kartei

Um sich ein Bild von dem Gesicht eines Verdächtigen zu machen, werden nach Zeugenaussagen Phantombilder angefertigt.
Phantombild-Karteien enthalten Hunderte von Gesichtern. Die Zeugen stellen Teile dieser Gesichter so lange zusammen, bis sie dem Verdächtigen ähneln.

Bastel dir für deine Nachforschungen eine Phantombild-Kartei.

1 4 oder mehr Blätter in der Mitte zusammenfalten.

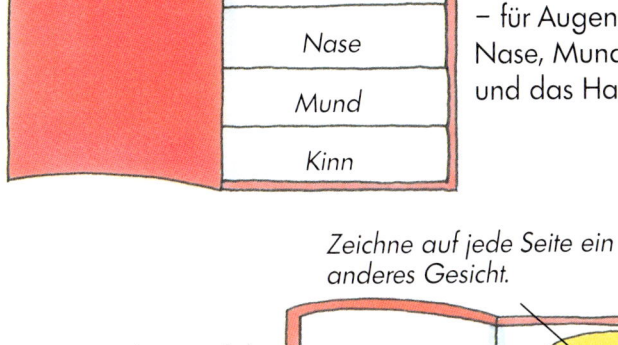

Heftklammern

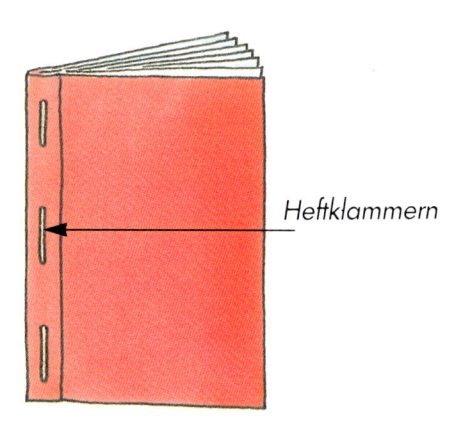

2 Die Blätter und einen Umschlag aus buntem Karton zusammenfalten.

Haar

Augen und Ohren

Nase

Mund

Kinn

3 Schneide die Seiten in 5 Streifen – für Augen, Ohren, Nase, Mund, Kinn und das Haar.

Zeichne auf jede Seite ein anderes Gesicht.

4 Zeichne auf die erste Seite ein Gesicht und auf die umgeschlagenen Streifen verschiedene Augen, Nasen, Ohren, Haare usw.

NACHRICHTEN
Detektiv Dan sucht rund um Oakwood Hall nach Spuren

Teil 4

Vor einem Pavillon, aus dem er Stimmen hört, bleibt er stehen. Er hält sein Ohr an die Wand und lauscht. „Ich treffe ihn morgen nachmittag um vier in Tonys Café", hört er einen Mann sagen. Dan gibt dies sofort telefonisch an seinen Chef durch.

Bastel ein Telefon

Bei diesem lustigen Telefon wandert der Klang der Stimme auf der Schnur entlang und kann im Plastikbecher-„Hörer" vernommen werden.

1 Bohre in die Böden von 2 Joghurtbechern oder ähnlichen Plastikbehältern je ein Loch.

2 Fädle eine Schnur durch das Loch des einen Bechers, und mache innen einen Knoten ins Schnurende.

3 Zieh das andere Schnurende durch das Loch im anderen Becher, und mache ebenfalls innen einen Knoten.

4 Schnur auseinanderziehen, bis sie spannt, dann mit einem Freund abwechselnd in den Becher sprechen oder lauschen

Schnur

innen knoten

Wie weit entfernt voneinander könnt ihr euch hören?

Bastel ein „Funkgerät"

Trinkhalm (biegsam)

„Knöpfe" aus Karton

Große Zündholzschachtel

farbiges Papier

Klebeband

Funkgerät versteckt bei sich tragen, um jederzeit Nachrichten durchgeben zu können.

VERKLEIDUNG

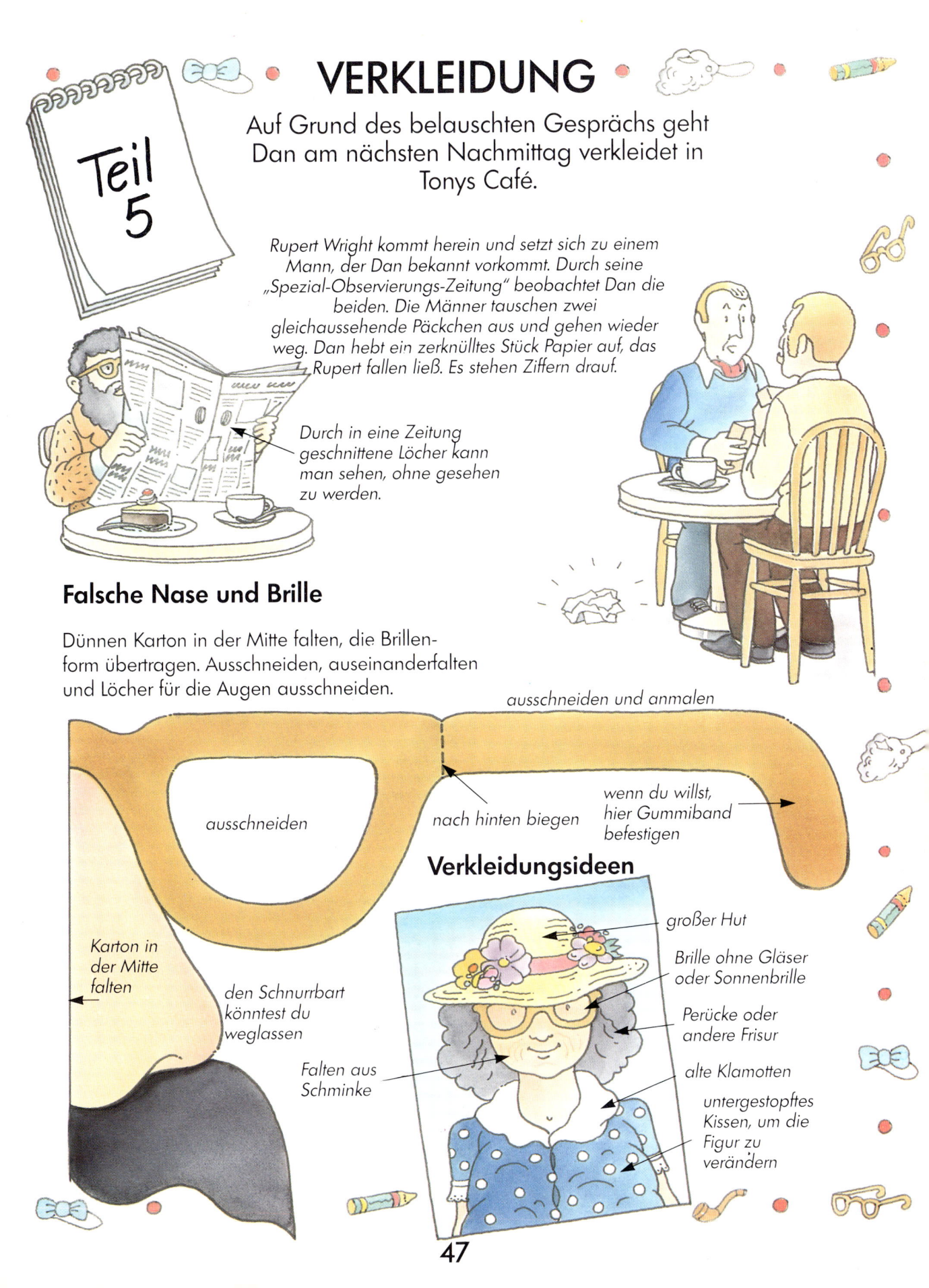

Auf Grund des belauschten Gesprächs geht Dan am nächsten Nachmittag verkleidet in Tonys Café.

Teil 5

Rupert Wright kommt herein und setzt sich zu einem Mann, der Dan bekannt vorkommt. Durch seine „Spezial-Observierungs-Zeitung" beobachtet Dan die beiden. Die Männer tauschen zwei gleichaussehende Päckchen aus und gehen wieder weg. Dan hebt ein zerknülltes Stück Papier auf, das Rupert fallen ließ. Es stehen Ziffern drauf.

Durch in eine Zeitung geschnittene Löcher kann man sehen, ohne gesehen zu werden.

Falsche Nase und Brille

Dünnen Karton in der Mitte falten, die Brillenform übertragen. Ausschneiden, auseinanderfalten und Löcher für die Augen ausschneiden.

ausschneiden und anmalen

ausschneiden

nach hinten biegen

wenn du willst, hier Gummiband befestigen

Verkleidungsideen

Karton in der Mitte falten

den Schnurrbart könntest du weglassen

großer Hut

Brille ohne Gläser oder Sonnenbrille

Perücke oder andere Frisur

Falten aus Schminke

alte Klamotten

untergestopftes Kissen, um die Figur zu verändern

AUF SPURENSUCHE

Detektiv Dan überprüft alle Hinweise, die er bisher gesammelt hat.

Teil 6

Plötzlich wird Dan etwas klar: Der Mann, den Rupert Wright im Café traf, ist der auf dem Phantombild. Diese Entdeckung muß er sofort seinem Chef mitteilen. Der soll sich erkundigen, wer dieser Mann ist. Ein Hubschrauber, der über Oakwood Hall kreist, meldet Dan, daß die Bewohner des Hauses gerade wegfahren.

Ermittlungsergebnisse

Im Büro macht Dan eine Aufstellung über alle bisher bekannten Fakten. Pinne die Ergebnisse deiner eigenen Ermittlungen an eine Pinnwand.

Ermittlung Juwelendiebstahl in Oakwood Hall

Safe wurde nicht mit Gewalt geöffnet. Einzige Fingerabdrücke sind von Lady Oakwood.

Glas im Blumenkasten, nicht im Zimmer. Also: Fensterscheibe wurde von innen zerbrochen.

Phantombild des bei Oakwood Hall gesehenen Fremden gleicht dem des Mannes, der mit Rupert Wright gesichtet wurde.

Sind die Ziffern auf dem von Rupert Wright fallen gelassenen Zettel die Safe-Kombination?

6 4 1 5
3 2 7 0

Hauptverdächtiger: Rupert Wright

Hubschrauber-Mobile

Dieses lustige Mobile sieht in deinem Zimmer sicher hübsch aus.

1 Für den Rumpf einen Flaschenkorken wie hier abgebildet zuschneiden:

Bitte beim Zuschneiden einen Erwachsenen um Hilfe!

2 Aufgeklebtes blaues Papier stellt die Glaskanzel dar.

3 Für das Heck einen etwa 2 cm breiten Buntpapierstreifen zuschneiden, falten und an den Rumpf kleben. Er sollte nach hinten schmaler werden.

4 Für den Rotor aus dicker Klarsichtfolie einen Kreis von ca. 7 cm Durchmesser ausschneiden.

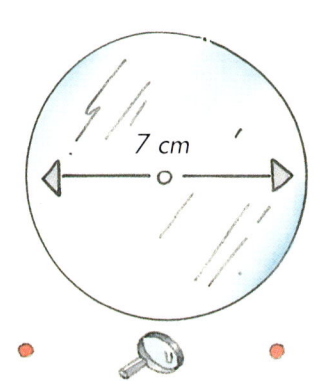

7 cm

5 Biege eine Büroklammer auf und stecke sie in den Korken.

Büroklammer

6 Von einem Trinkhalm 2 cm abschneiden und über die Büroklammer stülpen. Darauf kommt der große Rotor.

Trinkhalm — *großer Rotor*

7 Oberes Ende der Büroklammer zu einem Haken biegen und mit Wollfaden an Papierwolken hängen, die an einem Pfeifenreiniger befestigt sind.

8 Für den Heckrotor kleinen Kreis aus Folie schneiden, und in die Mitte einen Punkt aus Buntpapier kleben. Dann die Scheibe ans Heck kleben.

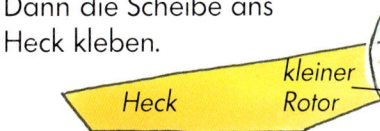

farbiger Punkt
Heck *kleiner Rotor*

9 Für die Kufen diese Form auf Karton übertragen, ausschneiden, falten und unter den Rumpf kleben.

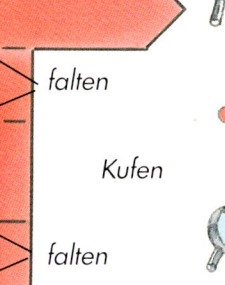

falten
Kufen
falten

Teil 7

BEOBACHTUNG

Da in Oakwood Hall niemand zu Hause ist, schaut sich Dan dort nach weiteren Spuren um.

Hinter dem Haus entdeckt Dan eine schmutzige Schaufel. Im Garten sind Blumen niedergetrampelt, und auf dem Rasen findet Dan einen Damenhandschuh. Um nicht die Fingerabdrücke zu ruinieren, steckt er ihn mit einem kleinen Zweig in eine Plastiktüte.

Was kannst du dir merken?

Die meisten können sich schlecht merken, was sie gesehen haben. Detektive müssen aber sorgfältig beobachten und sich die kleinsten Details merken. Mit dem folgenden Spiel kannst du dein Gedächtnis trainieren.

Kleiner Umzug

1 Falte aus Karton einfache Gebäude. Male Türen und Fenster auf, oder schneide sie aus farbigem Papier aus, und klebe sie drauf. Danach schneidest du aus Karton Autos, Bäume und Figuren aus. Nicht den Falz zum Aufstellen vergessen!

2 Schicke deine Freunde aus dem Zimmer, und stelle Häuser, Autos, Bäume und Figuren so auf, wie es dir gerade einfällt.

3 Ruf deine Freunde herein, gib ihnen 30 Sekunden Zeit, sich alles anzusehen, und schicke sie wieder hinaus.

4 Vertausche einige Gegenstände, oder nimm sie weg. Ruf die Freunde wieder herein. Wer entdeckt als erster alle Veränderungen?

Bist du im Bilde?

Noch ein unterhaltsames Spiel: Schneide ein Foto aus einer Zeitung aus und zeige es kurz deinen Freunden. Dann stellst du ihnen Fragen dazu, die sie schriftlich beantworten sollen. Für richtige Antworten gibt es Punkte; der Gewinner bekommt einen Preis.

Zeitungsfotos

Augenzeugen

1 Du bist der Detektiv. Schicke die anderen aus dem Zimmer. Baue eine Straßenszene auf und notiere dir dazu 10 Fragen – zum Beispiel: Welche Farbe hat das Auto an der Ecke? Wie viele Leute tragen etwas Rotes?

2 Laß deine Freunde ins Zimmer kommen und sich 30 Sekunden lang die Szene einprägen. Danach deckst du alles mit einem Tischtuch zu.

3 Stell jetzt deine 10 Fragen. Die Mitspieler müssen die Antworten aufschreiben. Für jede richtige gibt's einen Punkt. Wer ist der beste Augenzeuge?

Bastel Gebäude, Bäume, Autos und Figuren aus Karton.

Ergänze die Straßenszene durch Gegenstände aus deinem Puppenhaus oder deiner Modelleisenbahn.

Figuren aus Karton

AUF DER FÄHRTE

Detektiv Dan stößt auf neue Beweise und kombiniert messerscharf.

Nachdem er an dem Damenhandschuh geschnüffelt hat, führt Spürhund Sherlock Dan zu den geknickten Blumen im Park von Oakwood Hall. Währenddessen hat Dans Chef herausgefunden, wer der Fremde im Café war. Dan buddelt im Blumenbeet und entdeckt ein Päckchen Banknoten, das in einen Seidenschal gewickelt ist.

Der anziehende Spürhund

Bastel für dieses Spiel mehrere magnetische Spürhunde.

Du brauchst je Hund:

weißen Karton, Papier
Filzstifte
Büroklammern
kleine Magnete
Kleber, Schere

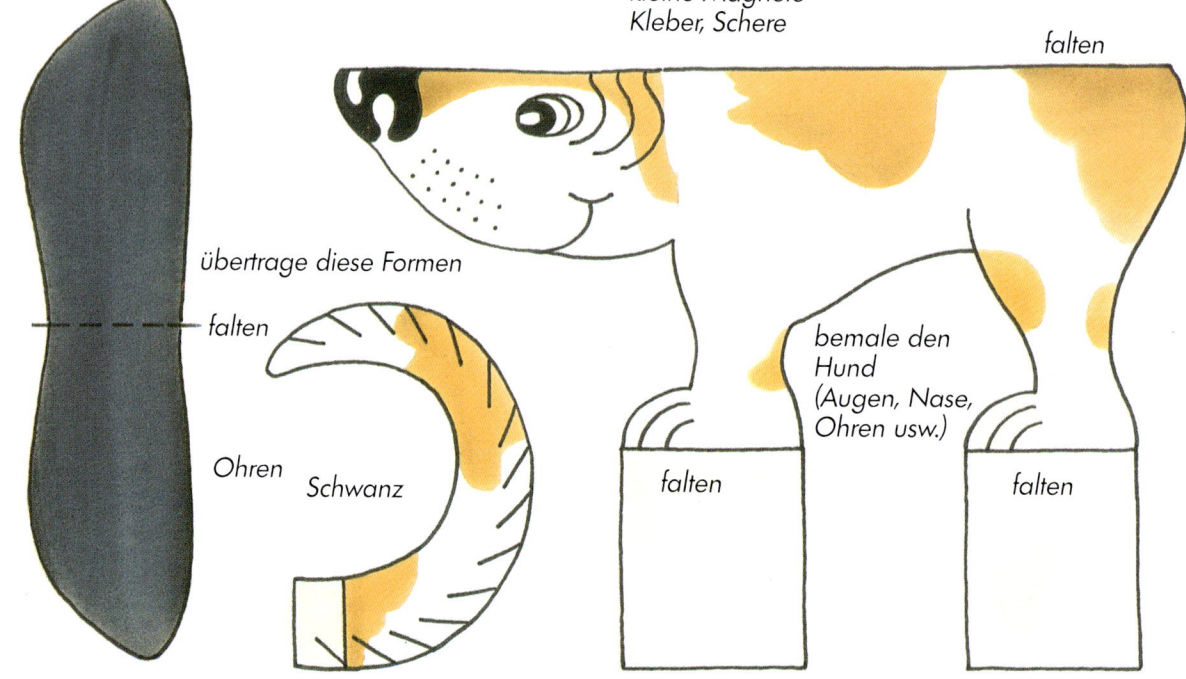

übertrage diese Formen

falten

Ohren

Schwanz

falten

bemale den Hund (Augen, Nase, Ohren usw.)

falten

falten

1 Falte ein Stück Karton in der Mitte. Übertrage die Kontur des Hundes. Schneide sie aus.

Nicht die Faltkante durchschneiden!

2 Zeichne Ohren und Schwanz auf Karton. Ausschneiden und ankleben.

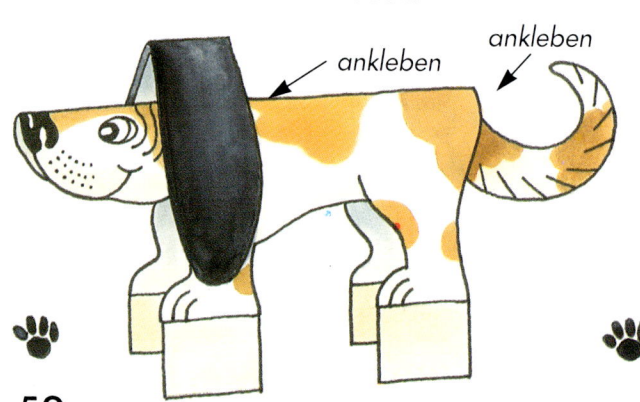

ankleben

ankleben

3 Falz an den Füßen umbiegen und zusammenkleben

kleben   *kleben*

4 An die Nase des Spürhunds kleinen Magnet kleben.

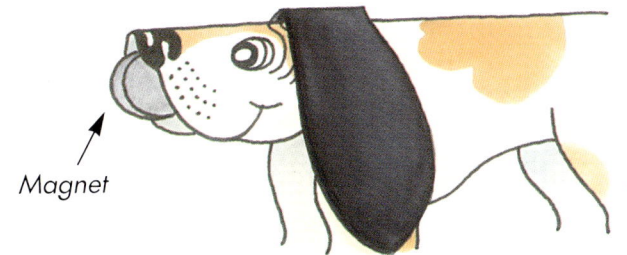

Magnet

Um das Gleichgewicht herzustellen, mußt du vielleicht eine Büroklammer an den Schwanz klemmen.

Spielregel

1 Schneide einen Bogen Papier in mindestens 20 kleine Kästchen.

2 Schreibe auf die einzelnen Kästchen die Ziffern von 1–20 und falte sie zusammen.

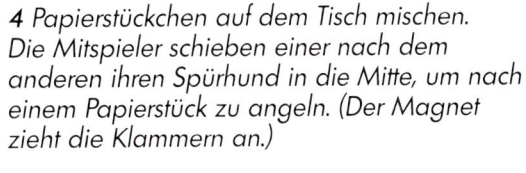

3 Mit Büroklammern zusammenhalten. Die Zahlen dürfen nicht sichtbar sein.

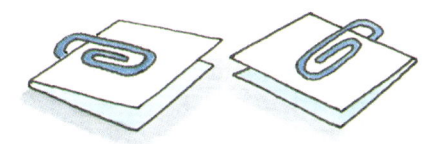

4 Papierstückchen auf dem Tisch mischen. Die Mitspieler schieben einer nach dem anderen ihren Spürhund in die Mitte, um nach einem Papierstück zu angeln. (Der Magnet zieht die Klammern an.)

5 Das vom Hund „heimgebrachte" Papier öffnen, und die Zahl aufschreiben. Wenn die Hunde alle Papiere eingesammelt haben, Zahlen addieren.

Der Hund, dessen Besitzer die höchste Punktzahl hat, ist der Gewinner.

DER WAHRHEITSTEST

Dan ist jetzt sicher, wer der Schuldige ist.
Aber er muß es noch beweisen.

Teil 9

Es stellt sich heraus, daß der Handschuh und der Schal Laura Mackenzie gehören. Dan glaubt, daß Rupert Wright für den Diebstahl Geld erhielt und Laura, seine Verlobte, ihm half, indem sie das Geld im Park vergrub. Um die Wahrheit zu erfahren, verhört Dan Rupert. Er benutzt dabei einen Lügendetektor.

Dan: Haben Sie den Einbruch vorgetäuscht und die Juwelen gestohlen?
Rupert: Nein! (Lampe leuchtet auf – er lügt.)

Dan: Sie waren's also. Haben Sie das Geld für den Diebstahl bekommen?
Rupert (zögernd): Ja.

Dan: Hat Ihnen jemand die Safe-Kombination gegeben?
Rupert: Nein! (Lampe leuchtet auf)

Dan: Wieder gelogen. War es Lady Oakwood?
Rupert: Ja, ich gebe es zu.

Ich nehme Sie hiermit fest, sagt Dan. Kommen Sie mit zum Polizeirevier.

Was zeigen Lügendetektoren an?

Während eines Verhörs können sich Puls, Blutdruck und Atmung des Verdächtigen verändern. Ein Lügendetektor kann dies aufzeichnen.

Da diese Geräte aber nicht zuverlässig sind, werden sie in vielen Ländern nicht verwendet. Zu deinem eigenen Vergnügen kannst du dir aber einen basteln.

Bastel einen Detektor

Damit kannst du feststellen, ob die Hand eines Verdächtigen zittert, während du ihn verhörst, und er dir vielleicht Lügen erzählt.

Draht einklemmen und Hülle abziehen

Du brauchst:

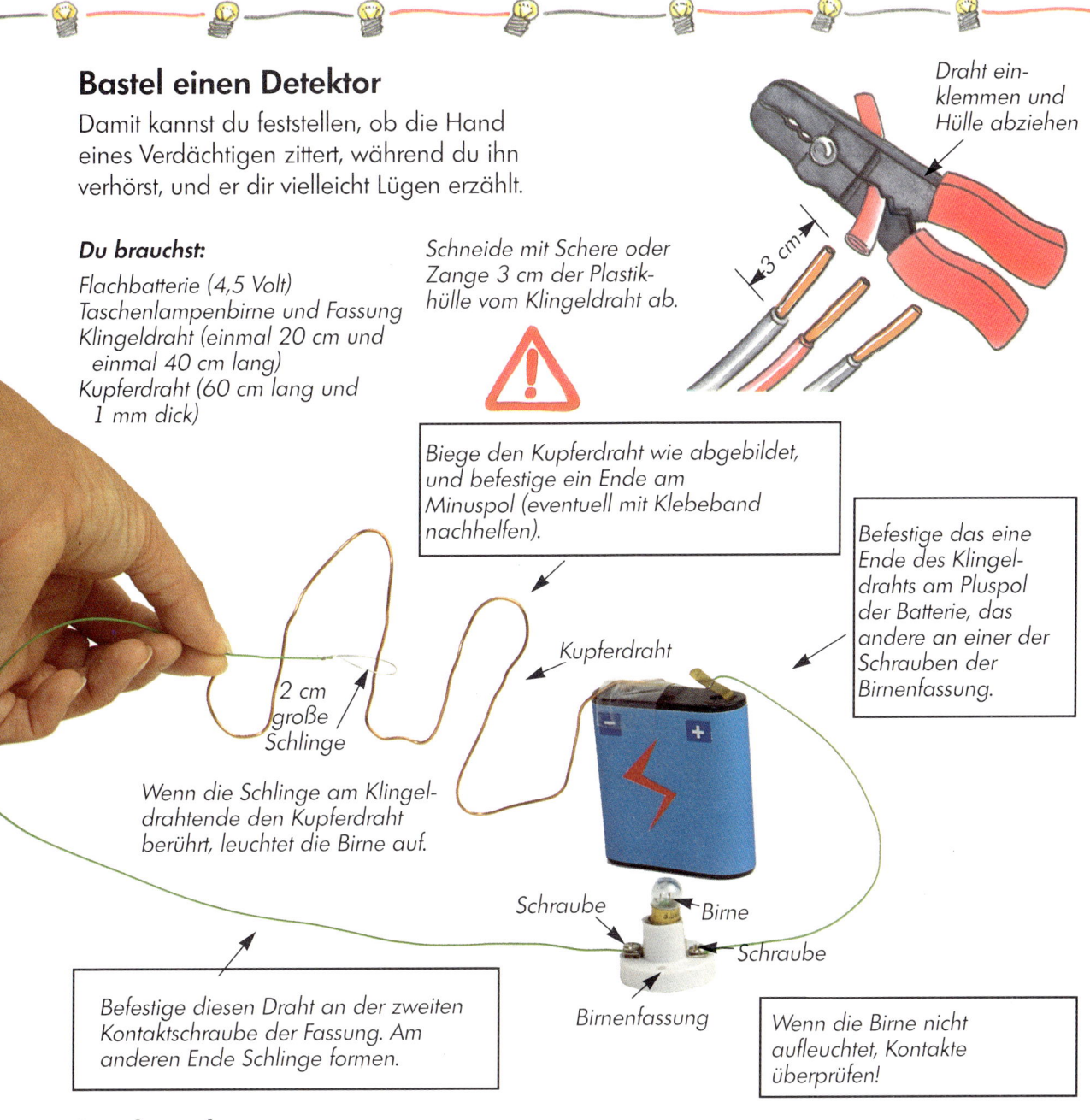

Flachbatterie (4,5 Volt)
Taschenlampenbirne und Fassung
Klingeldraht (einmal 20 cm und einmal 40 cm lang)
Kupferdraht (60 cm lang und 1 mm dick)

Schneide mit Schere oder Zange 3 cm der Plastikhülle vom Klingeldraht ab.

Biege den Kupferdraht wie abgebildet, und befestige ein Ende am Minuspol (eventuell mit Klebeband nachhelfen).

Befestige das eine Ende des Klingeldrahts am Pluspol der Batterie, das andere an einer der Schrauben der Birnenfassung.

2 cm große Schlinge

Kupferdraht

Wenn die Schlinge am Klingeldrahtende den Kupferdraht berührt, leuchtet die Birne auf.

Schraube — Birne — Schraube — Birnenfassung

Befestige diesen Draht an der zweiten Kontaktschraube der Fassung. Am anderen Ende Schlinge formen.

Wenn die Birne nicht aufleuchtet, Kontakte überprüfen!

Spielregel

Hier sind Vorschläge für Spiele mit dem „Zitteromat".

Gute Nerven!

Probiert, wer am schnellsten die Schlinge über den Draht führen kann, ohne daß die Birne aufleuchtet.

Wahr oder nicht wahr?

Einer von euch ist der Detektiv, der verhört. Die Verdächtigen müssen die Schlinge über den Draht führen, während sie antworten. Lügen sie, ist ihre Hand vielleicht so unruhig, daß sie das Aufleuchten der Birne auslösen. Natürlich kann die Hand auch zittern, weil jemand einfach nervös ist.

VERHAFTET

Teil 10

Dan erfährt, daß Lady Oakwood und ein Mann am Flughafen gesehen wurden. Er rast hin und schnappt die beiden, als sie gerade ein Flugzeug betreten wollen.

Am Flughafen klicken Handschellen: Dan nimmt Lady Fenella Oakwood, die eigentlich Serena Steel heißt, fest, ebenso ihren Komplizen Frank Zubinsky, den Fremden vom Café. Das Phantombild hatte ihn verraten. In seiner Polizeiakte war auch ein Foto seiner Komplizin – der internationalen Juwelendiebin Serena Steel. Dan hatte sie sofort erkannt.

Serena Steel
International gesuchte Betrügerin und Hochstaplerin. Glänzende Verwandlungskünstlerin. Durch Armut auf die schiefe Bahn geraten.

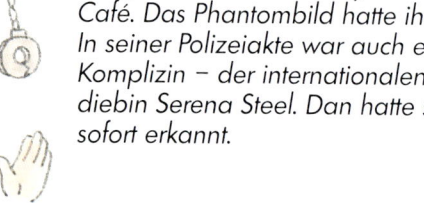

Um an die Oakwood-Juwelen zu gelangen, hatten sich Serena Steel und Frank Zubinsky einen gemeinen Plan ausgedacht. Serena umgarnte Lord Oakwood so lange, bis er sie heiratete. Dann lud sie ihre Freundin Laura Mackenzie und deren Verlobten Rupert Wright nach Oakwood Hall ein. Rupert täuschte gegen Bezahlung den Einbruch vor und übergab Frank die Juwelen. Der wollte danach mit Serena das Land verlassen.

Handschellen – selbstgemacht

Wenn du Detektiv spielen willst, brauchst du auch ein Paar Handschellen.

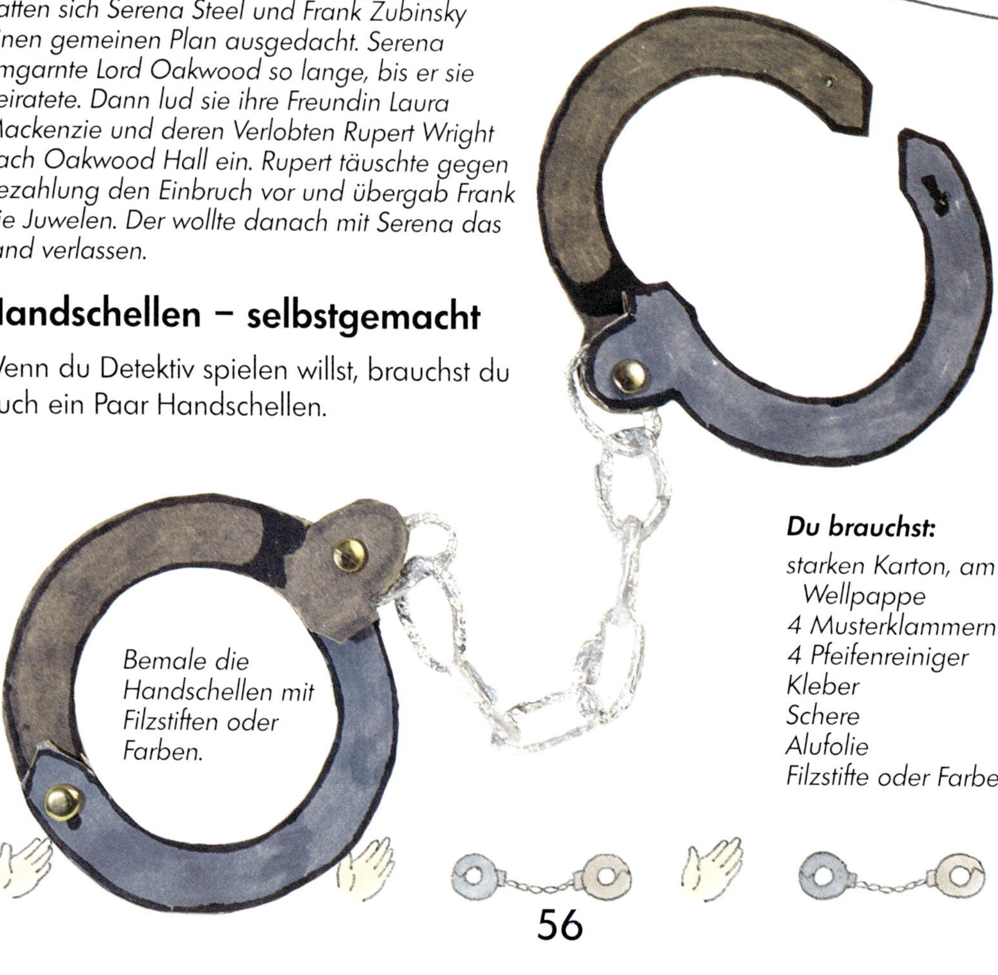

Bemale die Handschellen mit Filzstiften oder Farben.

Du brauchst:

starken Karton, am besten Wellpappe
4 Musterklammern
4 Pfeifenreiniger
Kleber
Schere
Alufolie
Filzstifte oder Farben

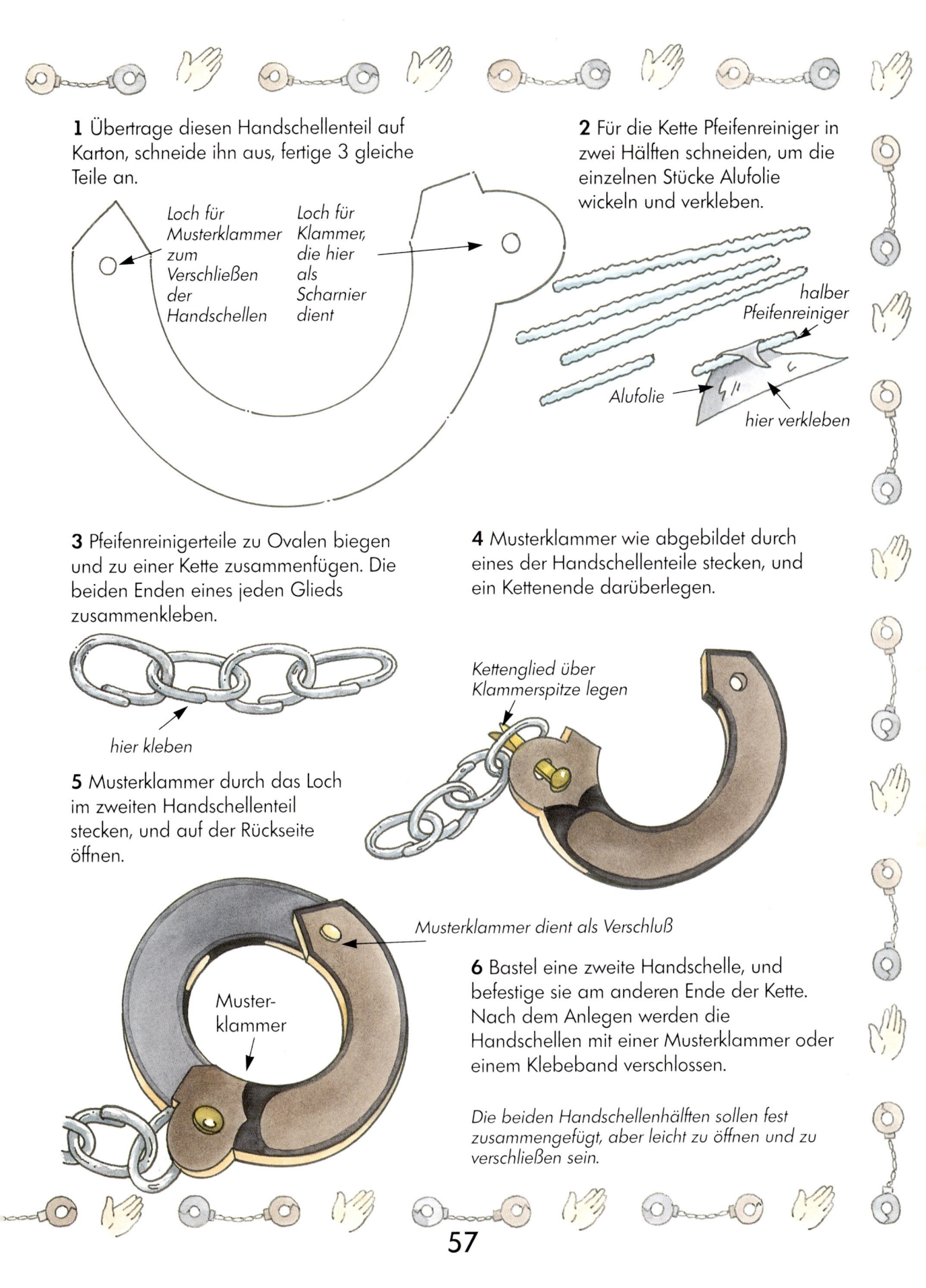

1 Übertrage diesen Handschellenteil auf Karton, schneide ihn aus, fertige 3 gleiche Teile an.

Loch für Musterklammer zum Verschließen der Handschellen

Loch für Klammer, die hier als Scharnier dient

2 Für die Kette Pfeifenreiniger in zwei Hälften schneiden, um die einzelnen Stücke Alufolie wickeln und verkleben.

halber Pfeifenreiniger

Alufolie

hier verkleben

3 Pfeifenreinigerteile zu Ovalen biegen und zu einer Kette zusammenfügen. Die beiden Enden eines jeden Glieds zusammenkleben.

hier kleben

4 Musterklammer wie abgebildet durch eines der Handschellenteile stecken, und ein Kettenende darüberlegen.

Kettenglied über Klammerspitze legen

5 Musterklammer durch das Loch im zweiten Handschellenteil stecken, und auf der Rückseite öffnen.

Musterklammer dient als Verschluß

Muster-klammer

6 Bastel eine zweite Handschelle, und befestige sie am anderen Ende der Kette. Nach dem Anlegen werden die Handschellen mit einer Musterklammer oder einem Klebeband verschlossen.

Die beiden Handschellenhälften sollen fest zusammengefügt, aber leicht zu öffnen und zu verschließen sein.

MEHR ÜBER DETEKTIVE

Ein paar Einzelheiten aus der Geschichte der Polizei und der Detektive.

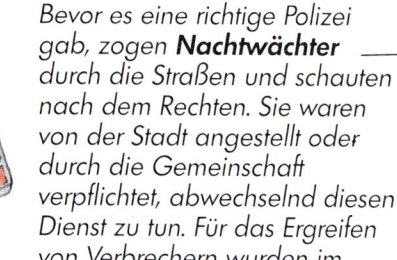

Bevor es eine richtige Polizei gab, zogen **Nachtwächter** durch die Straßen und schauten nach dem Rechten. Sie waren von der Stadt angestellt oder durch die Gemeinschaft verpflichtet, abwechselnd diesen Dienst zu tun. Für das Ergreifen von Verbrechern wurden im allgemeinen Soldaten eingesetzt.

Im Jahr 1750 wurde in London die erste organisierte **Stadtpolizei** eingerichtet.

1829 reorganisierte der Engländer **Robert Peel** die Londoner Polizei. Nach ihm werden die Polizisten dort noch heute **Bobbys** genannt.

Die erste **Polizeitruppe** in den **USA** wurde 1838 in Boston eingesetzt. Sie bestand aus 6 Mann.

Das erste große Privatdetektivbüro, die **Pinkerton National Detective Agency**, wurde 1850 in den USA gegründet. Seine ersten Detektive spürten berühmte Verbrecher wie Butch Cassidy und Sundance Kid auf.

Wissenschaft und Verbrechen

Die Wissenschaft hilft oft bei der Auswertung von Spuren, die zum Beispiel am Tatort gefunden wurden. In Labors werden Fingerabdrücke, Fußabdrücke, Kleidungsstücke, Blutflecken, Haare, Fasern, Staub- und Schmutzteile, Dokumente, Briefe usw. genauestens untersucht. Das Neueste auf diesem Gebiet ist die Untersuchung menschlicher Zellen. Da jede einzelne ein unverkennbares Muster hat, kann man auf dieser Grundlage Verbrecher identifizieren.

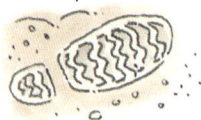

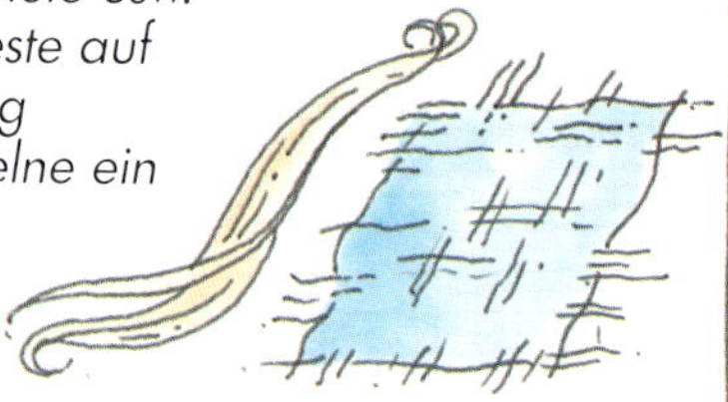

Romandetektive

Millionen Menschen lesen Kriminalromane. Hier sind einige der berühmtesten Romandetektive:

Sherlock Holmes
Er entsprang der Phantasie von Sir Conan Doyle, einem Engländer, der 60 Erzählungen um den Meisterdetektiv und dessen Freund Dr. Watson schrieb. Eine der bekanntesten ist „Der Hund von Baskervilles".

Hercule Poirot und Miß Marple
Die beiden wurden von der Engländerin Agatha Christie erfunden. Monsieur Poirot ist Belgier, klein und trägt einen Schnurrbart. Miß Marple ist eine ältere, neugierige Dame aus einem englischen Dorf.

Kommissar Maigret
Der Pfeife rauchende Pariser Kommissar löste seit 1931 die Fälle in Georges Simenons Kriminalromanen.

Philip Marlowe
Der Amerikaner Raymond Chandler erdachte 1939 den coolen, sarkastischen Privatdetektiv Philip Marlowe.

Buchstabiertafel

Um komplizierte Wörter wie Namen oder ähnliches per Telefon oder Sprechfunk einwandfrei und unmißverständlich durchzugeben, benutzt man eine spezielle Buchstabiertafel. Buchstabiere deinen Namen danach.

A Anton	K Kaufmann	U Ulrich
B Berta	L Ludwig	V Viktor
C Cäsar	M Martha	W Wilhelm
D Dora	N Nordpol	X Xanthippe
E Emil	O Otto	Y Ypsilon
F Friedrich	P Paula	Z Zacharias
G Gustav	Q Quelle	
H Heinrich	R Richard	
I Ida	S Samuel	
J Julius	T Theodor	

DETEKTIV-ABC

Alias Namen, den Personen verwenden, um ihre wahre Identität zu verbergen
Alibi Nachweis, das jemand zur Tatzeit nicht am Tatort war
Anklage offiziell einer Tat beschuldigt werden
Aussage eine schriftliche und unterschriebene Erklärung eines Verdächtigen oder Zeugen
Beweis Information oder Gegenstand, die/der die Richtigkeit einer Behauptung bestätigt
Detektiv in Großbritannien und USA heißen so vor allem Kriminalbeamte. Es gibt aber – auch bei uns – (Privat-)Detektive, die sich gegen Bezahlung mit Ermittlungen zur Aufdeckung von Straftaten oder in privaten Angelegenheiten beschäftigen
Diebstahl das Eigentum eines anderen wegnehmen
Einbruch Diebstahl durch gewaltsames Eindringen in ein Gebäude

Fährte Spur, die – vielleicht – zum gesuchten Ziel führt
Hinweis Spur, Fingerzeig, Information
Hochstapelei Betrug, bei dem eine Person eine gehobene gesellschaftliche Stellung vortäuscht
Motiv der Grund, warum eine Person ein Verbrechen begeht
Tatort der Ort, an dem ein Verbrechen geschehen ist
Überfall Diebstahl, bei dem Gewalt angewendet wird
Überwachung wird auch Observation genannt und bedeutet die genaue Beobachtung einer Person
Vernehmung Befragung von Personen, um herauszufinden, wer das Verbrechen begangen hat
Zeuge eine Person, die gesehen hat, wie eine Tat verübt wurde

Tatsache?

● Im 1. Jahrhundert nach Christus ließ Julius Cäsar in Rom die erste Polizeitruppe aufstellen.

● Sir Arthur Conan Doyle, der viele Kriminalromane mit dem Detektiv Sherlock Holmes geschrieben hat, konnte seine von ihm geschaffene Hauptfigur so wenig leiden, daß er sie in einem seiner Romane sterben ließ.

TEIL 3
PIRATEN

INHALT

WAS DU BRAUCHST   64

PIRATENKLEIDUNG   66

WAFFEN   68

PIRATENSCHIFF   70

PIRATENSCHATZ   72

LEBEN AUF SEE   74

IN DEN KAMPF!   76

FREIZEIT   78

DER AUSGUCK   80

AUF DES MEERES GRUNDE   82

PIRATENFLAGGE & KNOTEN   84/85

MEHR ÜBER PIRATEN   86

PIRATEN-ABC   88

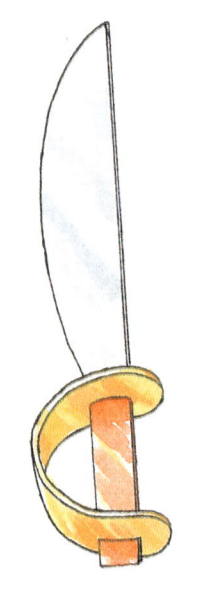

PIRATEN

In früheren Zeiten konnte kein Handelsschiff die Meere befahren, ohne zu riskieren, von Piraten gekapert zu werden. Die Aussicht auf Reichtum und ein abenteuerliches Leben auf See ließ viele Männer zu Piraten werden. Sie waren wildentschlossene Kämpfer, die Schiffe ausplünderten und mit Gefangenen Lösegeld erpreßten.

Hier bekommst du eine Menge Vorschläge, wie du dich in einen Piraten verwandeln kannst. Es zeigt dir, wie man einen Piratenhut, eine Augenklappe, ein Fernrohr und eine Schatztruhe anfertigt und ein Buddelschiff bastelt.

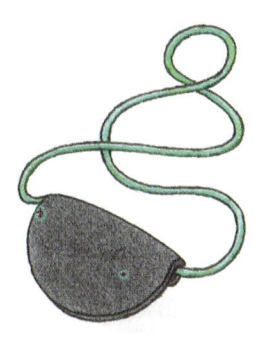

Du findest auch Piratenspiele in diesem Kapitel. Suche zum Beispiel mit einer selbstgemachten Schatzkarte nach einem Schatz. Oder angle mit deinen Freunden nach Gegenständen, die auf dem Meeresgrund liegen.

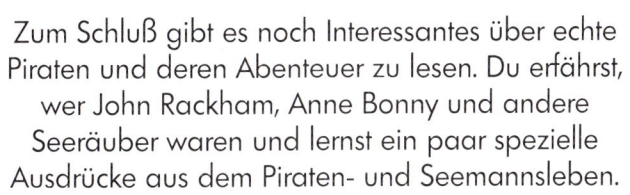

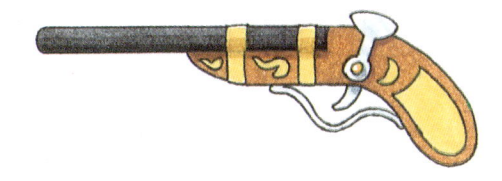

Du kannst auch nach Anweisung das Modell eines Piratenseglers samt Mannschaft anfertigen, das Knüpfen von Seemannsknoten lernen oder eine furchteinflößende Piratenflagge basteln.

Zum Schluß gibt es noch Interessantes über echte Piraten und deren Abenteuer zu lesen. Du erfährst, wer John Rackham, Anne Bonny und andere Seeräuber waren und lernst ein paar spezielle Ausdrücke aus dem Piraten- und Seemannsleben.

WAS DU BRAUCHST

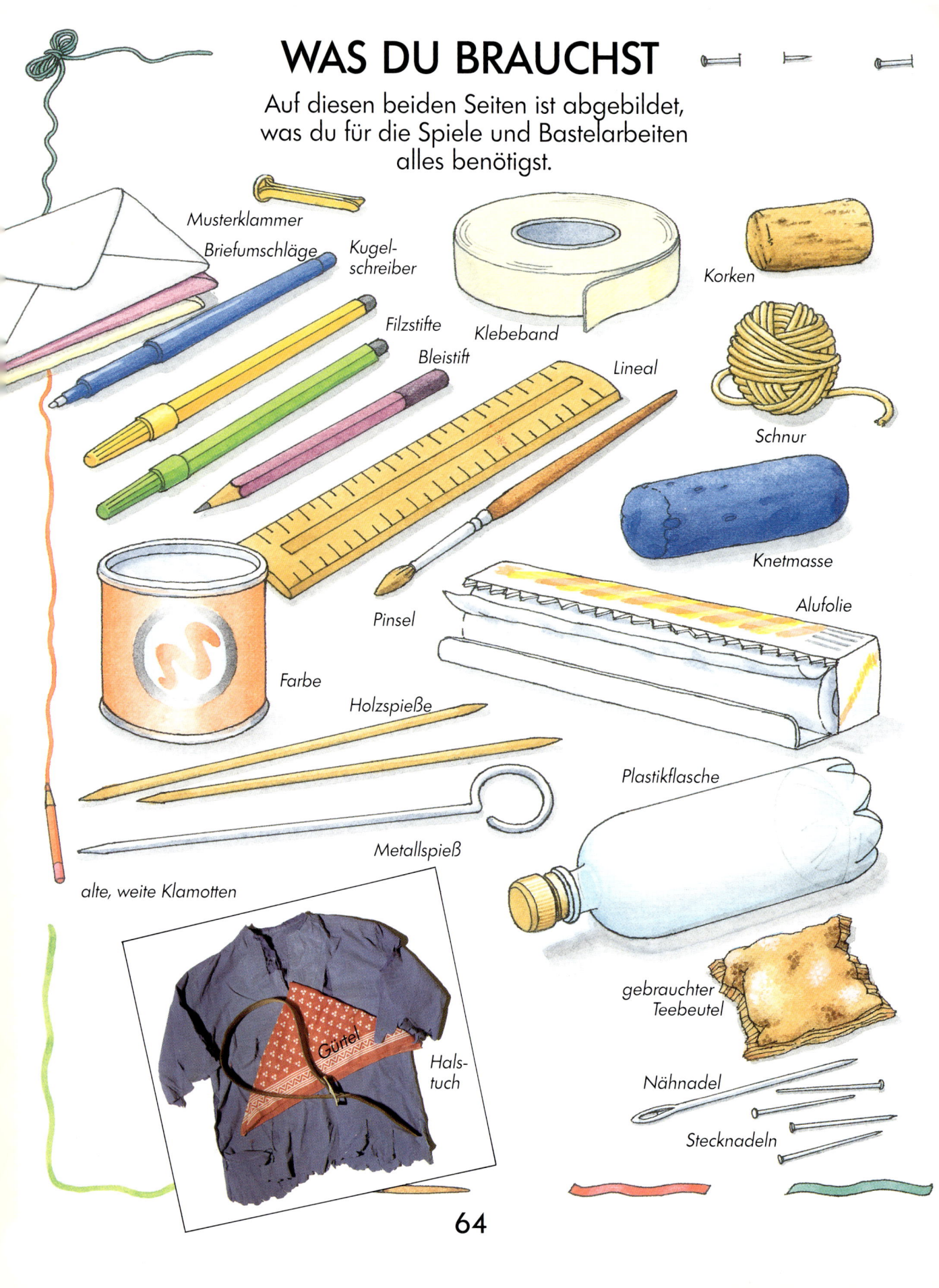

Auf diesen beiden Seiten ist abgebildet, was du für die Spiele und Bastelarbeiten alles benötigst.

- Musterklammer
- Briefumschläge
- Kugelschreiber
- Filzstifte
- Klebeband
- Korken
- Bleistift
- Lineal
- Schnur
- Pinsel
- Knetmasse
- Farbe
- Alufolie
- Holzspieße
- Plastikflasche
- Metallspieß
- alte, weite Klamotten
- gebrauchter Teebeutel
- Gürtel
- Halstuch
- Nähnadel
- Stecknadeln

64

leere Schachtel (Cornflakes)

Balsaholz

Schere

Balsaholzstäbchen

Federmesser (Achtung! Sehr scharf!)

Wäscheklammer

Büroklammern

leere Zündholzschachtel

Gummiband

Nylonschnur

Gummiringe

Garn oder Zwirn

Textilkleber

Hefter

Magnete

Klebstoff

Backmittel

Wellpappe

farbiges Papier

farbiger Karton

VORSICHT!

An scharfen, spitzen und heißen Gegenständen kann man sich verletzen. Bitte bei diesem Warnzeichen einen Erwachsenen um Hilfe.

Umgang mit dem Federmesser

Arbeiten mit diesem scharfen Messer laß lieber von einem Erwachsenen durchführen. Wichtig: Immer vom Körper weg schneiden! Feste Unterlage aus Holz oder dickem Karton benutzen.

vom Körper weg schneiden

Unterlage zum Schutz des Tisches

PIRATENKLEIDUNG

Im Kampf und beim Klettern in den Wanten waren weite, lockere Kleidungsstücke am praktischsten. Hier ein paar Vorschläge für ein Piraten-Outfit.

Für einen Bart in ein schwarzes Stück Papier oder Stoff Streifen schneiden und mit einer Schnur am Ohr befestigen.

Bastel einen Piratenhut, oder binde dir ein Tuch um den Kopf.

Bastel eine Augenklappe.

Mal dir mit Schminkfarben Narben ins Gesicht.

Hänge dir Ringe an die Ohren. Piraten glaubten übrigens, daß Ohrringe die Sehkraft stärkten.

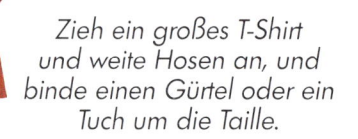

Zieh ein großes T-Shirt und weite Hosen an, und binde einen Gürtel oder ein Tuch um die Taille.

Bastel ein Entermesser oder eine Pistole (siehe Seiten 68-69).

Zerrissene oder geflickte Kleidung macht sich gut. Vor der „Bearbeitung" erst Erwachsene fragen!

Denk dir einen Piratennamen aus. Wie wär's mit Einäugige Lilli oder Jan Narbengesicht?

Piratenhut und Augenklappe

Du brauchst:

schwarzes Papier
weißes Papier (oder Farbe)
Gold- oder Silberpapier
 (oder Farbe)
Schnur oder Gummiband
Klebstoff, Hefter
Bleistift, Lineal, Schere

1 Falte einen Bogen schwarzes Papier (30 x 30 cm) in der Mitte, zeichne die Hutform und schneide sie aus.

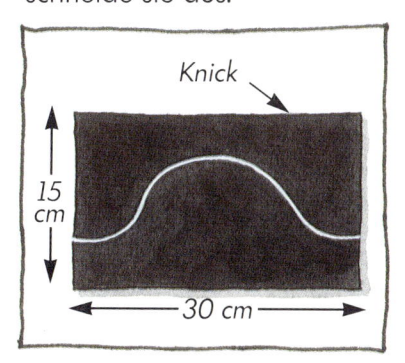

2 Mal vorn einen Totenkopf darauf, oder schneide einen aus und klebe ihn auf die Vorderseite.

Verziere die Ränder mit Gold- oder Silberpapier.

3 Vorderen und hinteren Teil so zusammenheften, daß der Hut gut paßt.

Augenklappe

1 Schneide aus schwarzem Papier einen Halbkreis aus.

2 Schneide ein Stück Schnur oder Gummiband von der Länge deines Kopfumfangs ab. Klebe ihn auf den geraden Rand des ausgeschnittenen Halbkreises.

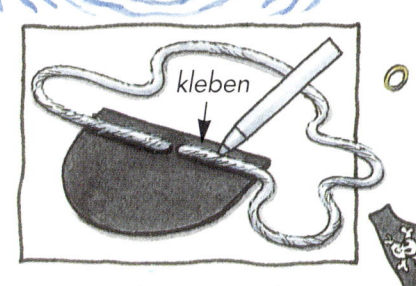

3 Rand umbiegen und nochmals kleben.

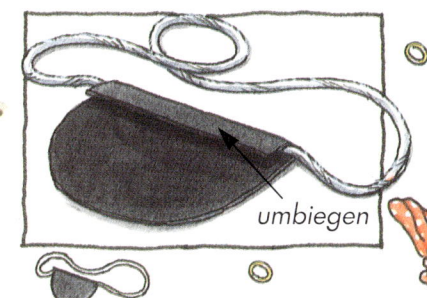

WAFFEN

Um die Handelsschiffe zu kapern und gründlich auszuplündern, mußten Piraten natürlich Waffen haben. Zwei der üblichen Waffen – Entermesser und Pistole – kannst du auch basteln.

Entermesser

Ein Entermesser war eine Art kurzes Schwert mit gebogener Klinge.

Du brauchst:

Wellpappe (60 x 20 cm)
Silber- oder Goldpapier und -karton, Folie oder Farbe
Federmesser
Bleistift, Kleber

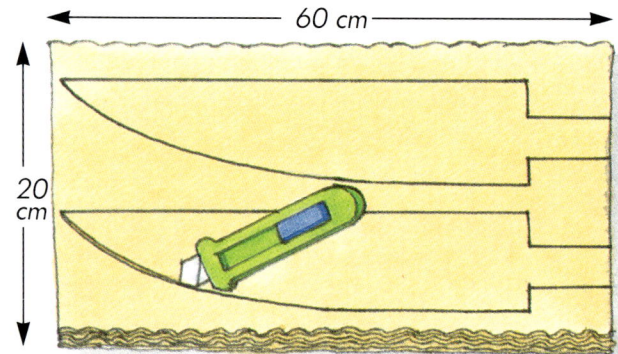

1 Zeichne die Form eines Entermessers auf Wellpappe, und schneide sie mit dem Federmesser aus. Ziehe mit dem Stift die Kontur nach, und schneide ein zweites Messer aus. Klebe beide zusammen.

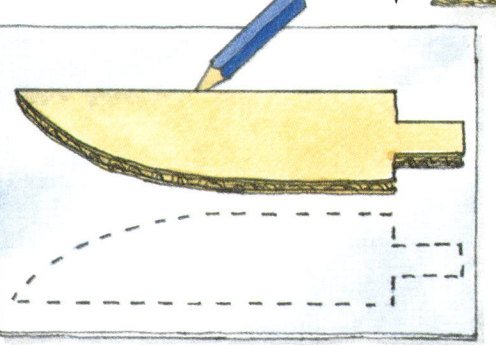

2 Lege das Entermesser auf Gold- oder Silberpapier, ziehe die Kontur nach, drehe das Messer um, zeichne eine zweite Form. Schneide beide aus, und beklebe damit beide Seiten des Messers.

Statt des Papiers kannst du Folie oder Farbe nehmen.

3 Schneide aus dem Gold- oder Silberkarton den Bügel aus. Miß die Breite des Messergriffs, und schneide in den Bügel zwei gleich große Schlitze.

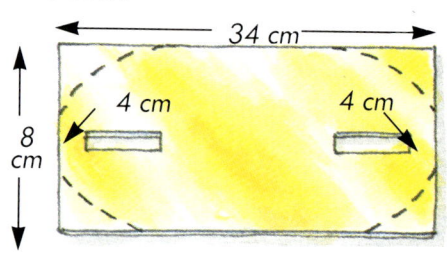

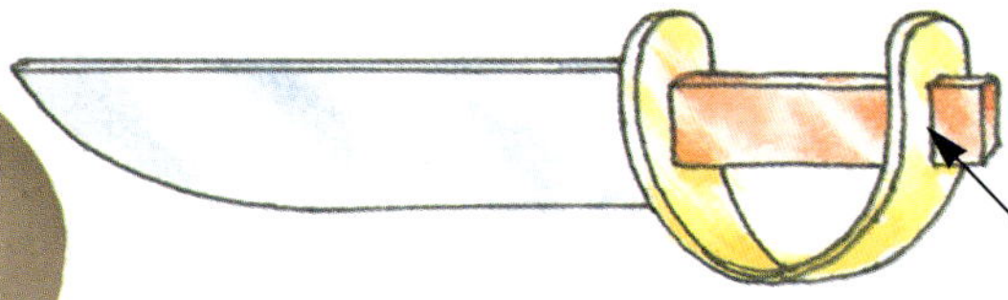

4 Schiebe den Bügel über den Griff, und klebe ihn fest.

Schlitz darf nicht zu groß sein – damit der Bügel festsitzt.

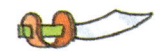

Pistole

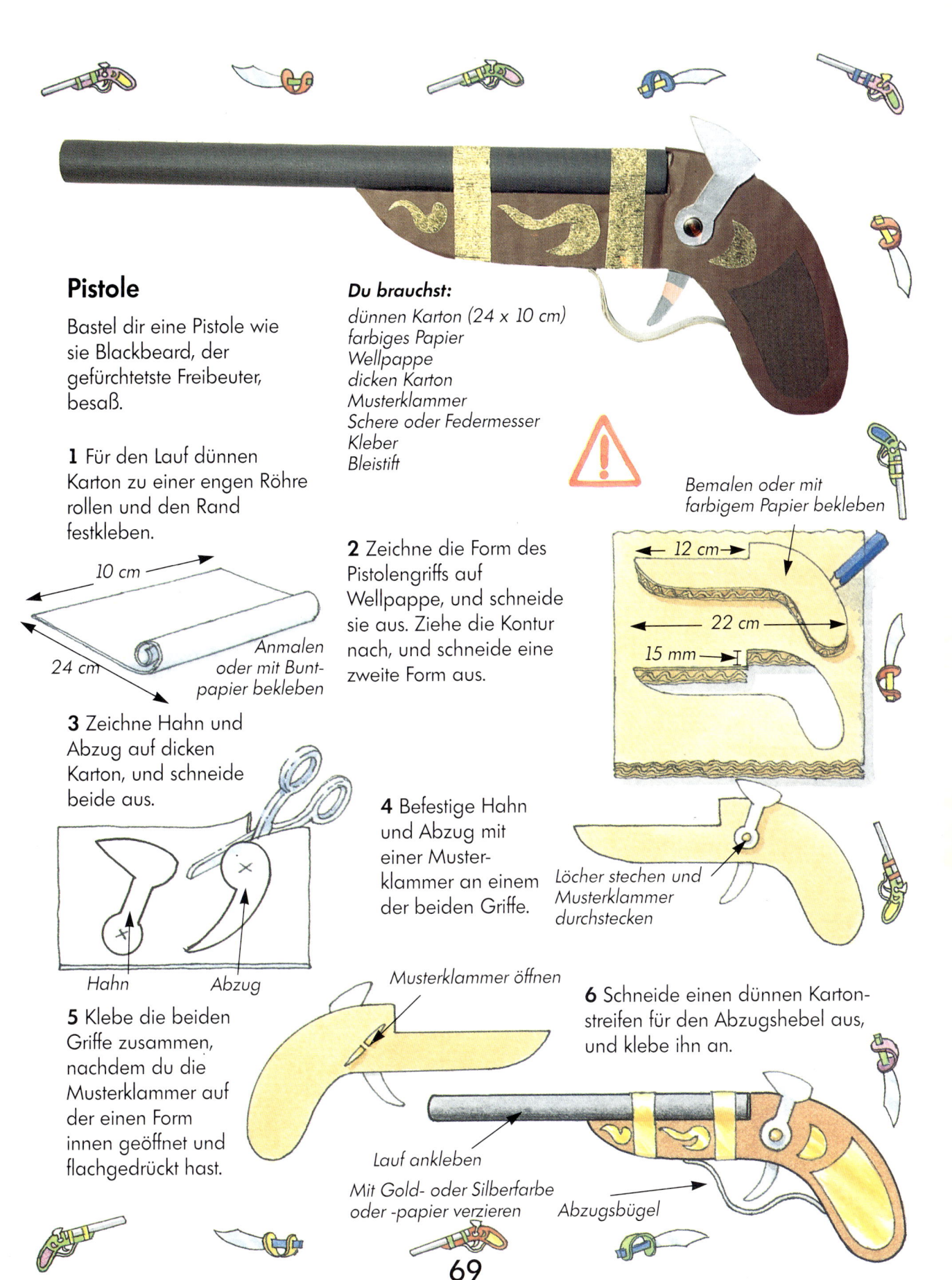

Bastel dir eine Pistole wie sie Blackbeard, der gefürchtetste Freibeuter, besaß.

Du brauchst:
dünnen Karton (24 x 10 cm)
farbiges Papier
Wellpappe
dicken Karton
Musterklammer
Schere oder Federmesser
Kleber
Bleistift

1 Für den Lauf dünnen Karton zu einer engen Röhre rollen und den Rand festkleben.

10 cm
24 cm
Anmalen oder mit Buntpapier bekleben

2 Zeichne die Form des Pistolengriffs auf Wellpappe, und schneide sie aus. Ziehe die Kontur nach, und schneide eine zweite Form aus.

Bemalen oder mit farbigem Papier bekleben
12 cm
22 cm
15 mm

3 Zeichne Hahn und Abzug auf dicken Karton, und schneide beide aus.

Hahn   Abzug

4 Befestige Hahn und Abzug mit einer Musterklammer an einem der beiden Griffe.

Löcher stechen und Musterklammer durchstecken

5 Klebe die beiden Griffe zusammen, nachdem du die Musterklammer auf der einen Form innen geöffnet und flachgedrückt hast.

Musterklammer öffnen

6 Schneide einen dünnen Kartonstreifen für den Abzugshebel aus, und klebe ihn an.

Lauf ankleben
Mit Gold- oder Silberfarbe oder -papier verzieren
Abzugsbügel

69

PIRATENSCHIFF

Für einen Überraschungsangriff und rasches Verschwinden mußten Piratenschiffe klein, schnell und wendig sein. War ein gekapertes Schiff besser als das eigene, behielt man es.

Bitte einen Erwachsenen, dir bei diesem Schiffsmodell zu helfen.

Du brauchst:

kleine, leere (Cornflake-) Schachtel
8-mm-Balsastäbchen
6-mm-Balsastäbchen
Karton,
farbiges Papier
Schnur oder Garn
Kleber, Schere

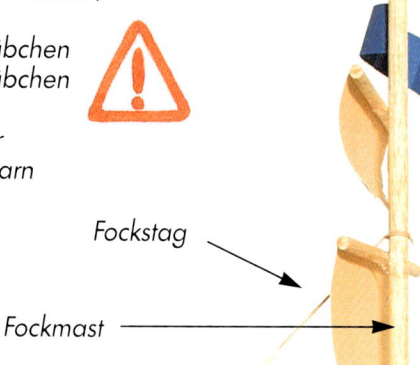

1 Schiffsrumpf: 2 Kartonstreifen – 36 cm lang und breiter als die Schachteltiefe – ausschneiden, zu Bug- und Heckform wölben, und an die Schachtel kleben.

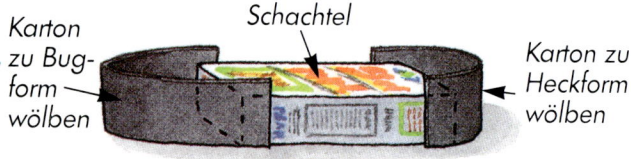

Karton zu Bugform wölben
Schachtel
Karton zu Heckform wölben

2 Deck: Auf Papier die Rumpfkontur nachziehen und die Form ausschneiden. Mit Linien die Planken aufzeichnen, das Deck auf die Schachtel kleben.

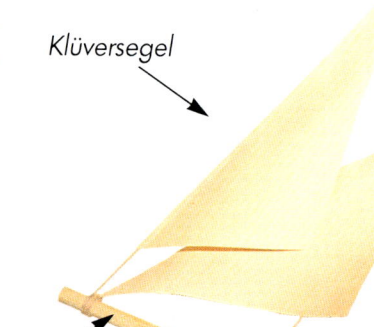

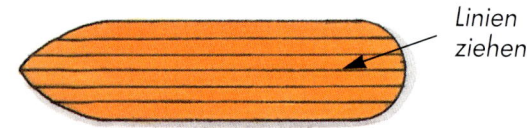

Linien ziehen

3 Masten: Durchs Deck drei Löcher in die Schachtel bohren. Je zwei 40 cm und ein 48 cm langes Balsastäbchen (8 mm dick) zuschneiden und in die Löcher kleben.

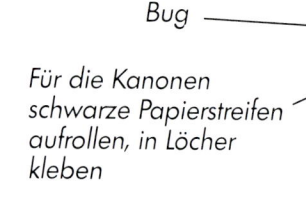

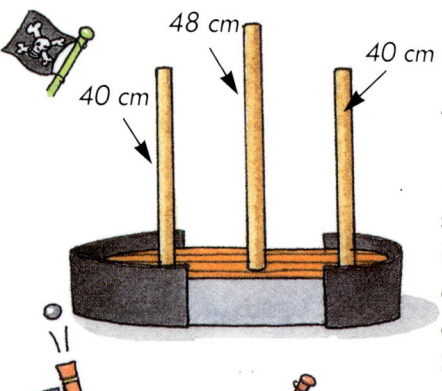

40 cm 48 cm 40 cm

4 Wanten (Tauwerk): 3 Stück auf graues Papier zeichnen, mit schwarzem Stift die Linien ziehen, ausschneiden, und in der Mitte ein Loch anbringen.

Fockstag
Fockmast
Klüversegel
Bugspriet
Bug
Für die Kanonen schwarze Papierstreifen aufrollen, in Löcher kleben
Rumpf

33 cm
4 cm
davon zwei Stück

48 cm
5,5 cm
davon ein Stück

Klebe Papierfahnen an die Masten

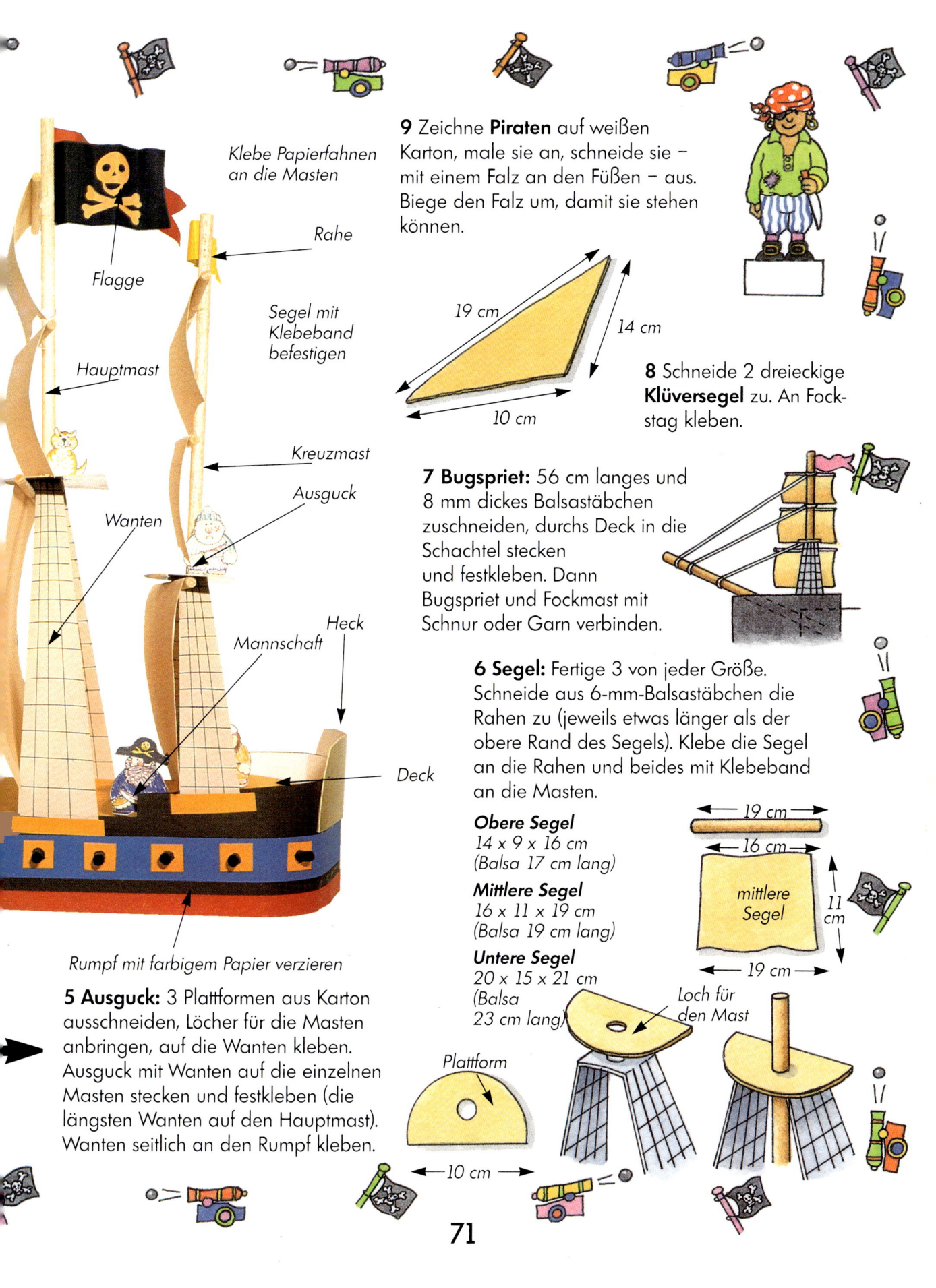

Rahe

Flagge

Segel mit Klebeband befestigen

Hauptmast

Kreuzmast

Ausguck

Wanten

Heck

Mannschaft

Deck

Rumpf mit farbigem Papier verzieren

9 Zeichne **Piraten** auf weißen Karton, male sie an, schneide sie – mit einem Falz an den Füßen – aus. Biege den Falz um, damit sie stehen können.

19 cm
14 cm
10 cm

8 Schneide 2 dreieckige **Klüversegel** zu. An Fockstag kleben.

7 Bugspriet: 56 cm langes und 8 mm dickes Balsastäbchen zuschneiden, durchs Deck in die Schachtel stecken und festkleben. Dann Bugspriet und Fockmast mit Schnur oder Garn verbinden.

6 Segel: Fertige 3 von jeder Größe. Schneide aus 6-mm-Balsastäbchen die Rahen zu (jeweils etwas länger als der obere Rand des Segels). Klebe die Segel an die Rahen und beides mit Klebeband an die Masten.

Obere Segel
14 x 9 x 16 cm
(Balsa 17 cm lang)

Mittlere Segel
16 x 11 x 19 cm
(Balsa 19 cm lang)

Untere Segel
20 x 15 x 21 cm
(Balsa 23 cm lang)

19 cm
16 cm
mittlere Segel
11 cm
19 cm

Plattform

Loch für den Mast

10 cm

5 Ausguck: 3 Plattformen aus Karton ausschneiden, Löcher für die Masten anbringen, auf die Wanten kleben. Ausguck mit Wanten auf die einzelnen Masten stecken und festkleben (die längsten Wanten auf den Hauptmast). Wanten seitlich an den Rumpf kleben.

PIRATENSCHATZ

Die meisten überfallenen Schiffe hatten Seide, Tabak und Gewürze geladen, und die Piraten verkauften die Beute gleich im nächsten Hafen. Manchmal kaperten sie auch ein Schiff mit Gold und Edelsteinen an Bord.

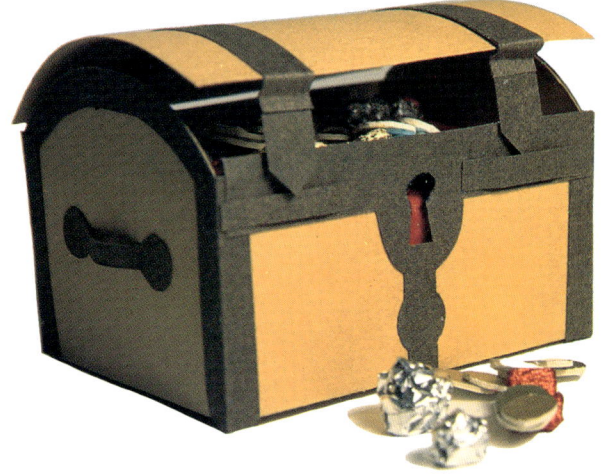

Schatztruhe

Baue dir diese Schatztruhe für Münzen und Edelsteine oder zum Aufbewahren deiner eigenen persönlichen Schätze.

Du brauchst:

dünnen Karton
farbiges Papier
Silberfolie
bunte Folie (Bonbonpapier)
Klebeband, Kleber
Bleistift, Lineal
Schere

1 Diese Form auf Karton zeichnen, an den markierten Linien umbiegen.

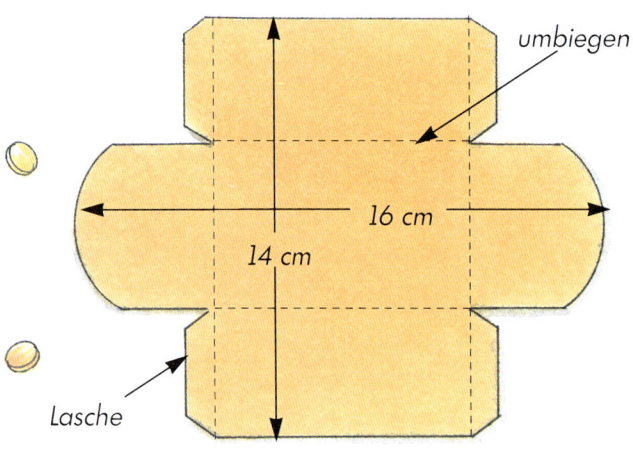

umbiegen

16 cm
14 cm

Lasche

2 Laschen innen mit den Wänden verkleben.

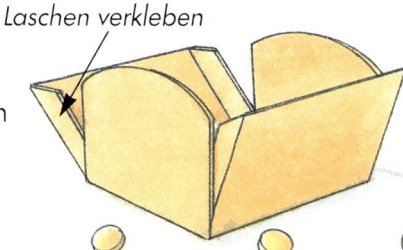

Laschen verkleben

3 Deckel ausschneiden, leicht wölben. Mit Klebebandscharnieren an der Truhe befestigen.

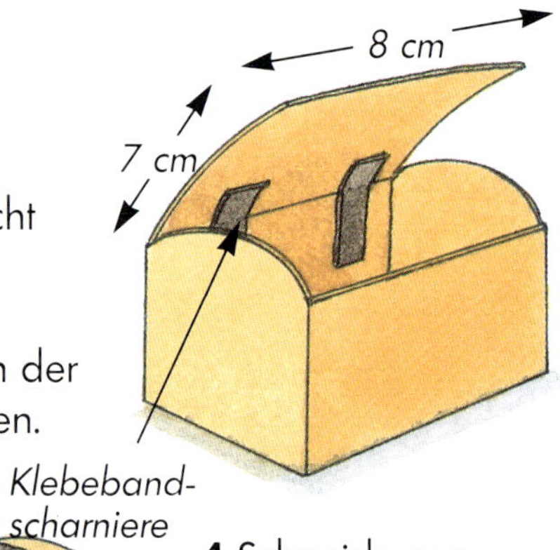

8 cm
7 cm

Klebebandscharniere

4 Schneide aus farbigem Papier Schloß, Griffe und Bänder aus. Klebe sie auf die Truhe.

5 Stelle aus Silberfolie und Bonbonpapier Münzen und Edelsteine her.

Du kannst die Schatztruhe auch mit Seidenpapier oder Stoff ausfüttern.

Schatzsuche

Zeichne eine Karte von eurem Haus oder Garten, und gehe damit mit Freunden auf Schatzsuche.

Nimm dickes Papier oder ein Stück übriggebliebene Tapete.

Reiße die Ränder ein.

Zeichne in eine Karte für draußen Bäume und Beete, fürs Haus Zimmer und Möbelstücke ein. Gib den Gegenständen geheimnisvolle Namen.

Bestreiche die Karte mit einem gebrauchten Teebeutel, damit sie alt aussieht.

Spielregel

Du brauchst:

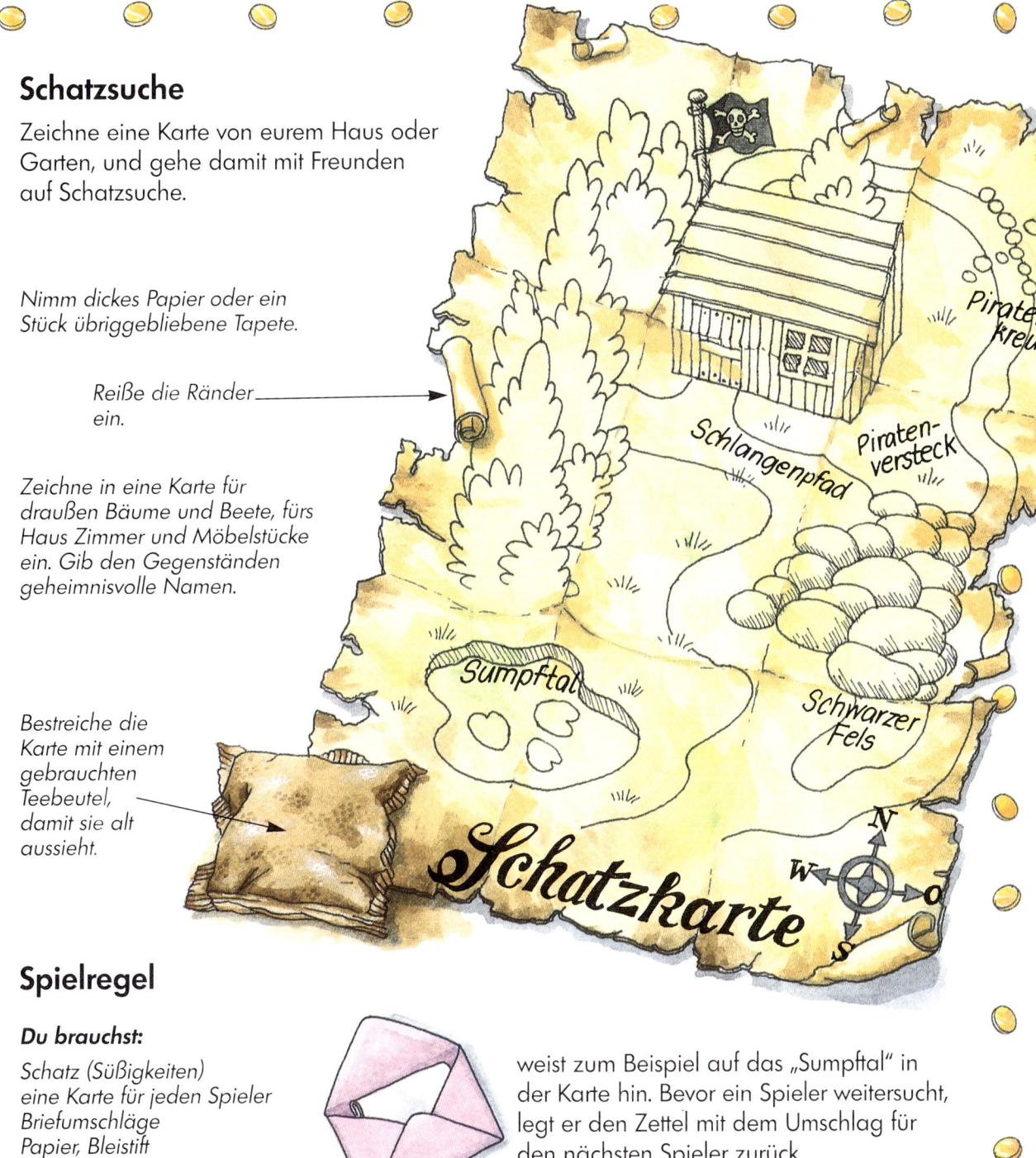

*Schatz (Süßigkeiten)
eine Karte für jeden Spieler
Briefumschläge
Papier, Bleistift*

Schreibe Hinweise auf Papier – manche leicht, manche schwieriger –, stecke sie in Umschläge, und verteile sie überall im Garten oder in der Wohnung. Der einfache Hinweis „Hier nicht versinken!" weist zum Beispiel auf das „Sumpftal" in der Karte hin. Bevor ein Spieler weitersucht, legt er den Zettel mit dem Umschlag für den nächsten Spieler zurück.

Es wird ein Zeitlimit von 15 Minuten festgesetzt, und jeder Mitspieler bekommt eine Schatzkarte und den ersten Hinweis. Gewonnen hat, wer als erster alle Hinweise enträtselt und den Schatz entdeckt hat.

LEBEN AUF SEE

Viele Piraten wollten dem harten Leben an Land entfliehen.
Doch das Leben auf See war oft noch härter.

Schiffszwieback

Misch dir einen Piratentrunk aus Orangen- und Johannisbeersaft mit Limonade.

Auf See waren frische Lebensmittel und Süßwasser rasch verbraucht, so daß die Piraten meistens gepökeltes Fleisch mit hartem Schiffszwieback voller kleiner Käfer essen mußten.
Hier kannst du Schiffszwieback backen, der bestimmt besser als der echte schmeckt.

Ein Erwachsener soll den Backofen bedienen!

Du brauchst:

*175 g Mehl
1 Teelöffel Backpulver
50 g braunen Zucker
50 g Margarine
1 Teelöffel Zimt
1 Eßlöffel Sirup
Schokoladenstreusel
Ausstechform*

1 Mehl in eine Schüssel sieben und mit Zucker und Zimt mischen.

2 Margarine in Flöckchen dazugeben, und alles zu groben Krümeln verreiben.

3 Sirup hineinrühren, das Ganze zu einem Teig kneten.

5 mm dick

4 Teig etwa 5 mm dick ausrollen, mehrere runde Plätzchen ausstechen.

5 Schokolade (Käfer!) in die Plätzchen drücken. Auf ein eingefettetes Blech legen.

6 Auf der Mittelschiene bei mittlerer Hitze 10-15 Minuten backen. Danach auf Kuchenrost abkühlen lassen.

Bullaugen-Bild

Es war immer aufregend, wenn ein fremdes Schiff, Land oder ein ungewöhnlicher Fisch auftauchten. Hier ist ein Bullaugen-Bild für dein Zimmer.

Du brauchst:
farbiges Papier
Gold- oder Silberkarton
Kleber, Klebeband
Filzstifte

1 Aus hell- und dunkelblauem Papier zwei Kreise schneiden (Teller als Form benutzen!). Dunklen Kreis halbieren, Wellenlinie in den Rand schneiden und auf den hellblauen Kreis kleben.

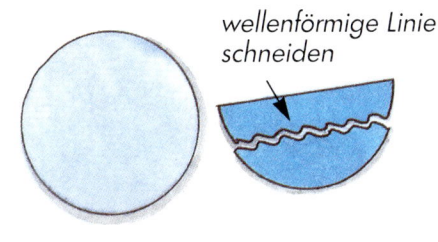

wellenförmige Linie schneiden

2 Wähle ein Motiv. Nimm einfache Formen, zeichne sie auf farbiges Papier, und schneide sie aus. Hier sind einige Vorschläge:

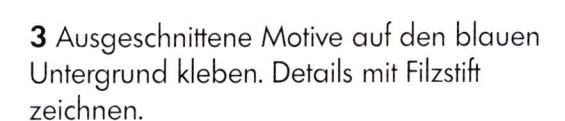

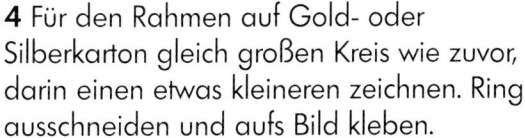

3 Ausgeschnittene Motive auf den blauen Untergrund kleben. Details mit Filzstift zeichnen.

4 Für den Rahmen auf Gold- oder Silberkarton gleich großen Kreis wie zuvor, darin einen etwas kleineren zeichnen. Ring ausschneiden und aufs Bild kleben.

einsame Insel

Wale

Schiffe

außen einige Zentimeter für den Rahmen unbemalt lassen

Bolzen malen oder aus Karton aufkleben

Auf die Rückseite eine Schlaufe kleben, damit du das Bild aufhängen kannst.

IN DEN KAMPF!

Sowie der Ausguck am Horizont ein Handelsschiff auftauchen sah, wurde die Piratenflagge gehißt, und die Männer bereiteten sich zum Angriff vor.

Katapult

Bastel dir ein Katapult für eine spannende Seeschlacht.

Du brauchst:
Balsaholzbrett (14 x 6 x 1 cm)
3 cm langes Holzstäbchen
langen Gummiring, Wäscheklammer
dünnen Karton, Federmesser
Metallstäbchen

LASS DIR VON EINEM ERWACHSENEN HELFEN!

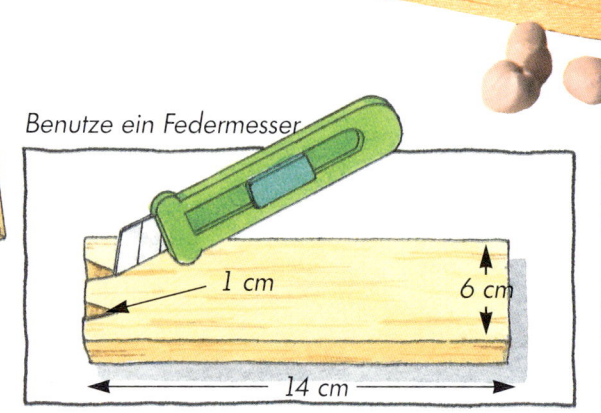

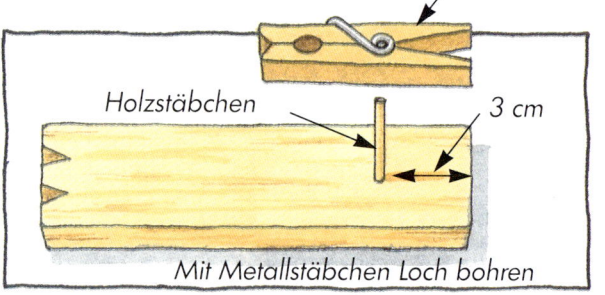

Benutze ein Federmesser

Wäscheklammer aufstecken
Holzstäbchen
3 cm
Mit Metallstäbchen Loch bohren

1 Schneide zwei 1 cm tiefe Kerben in eine Seite des Holzbrettes.

2 Bohre 3 cm vom gegenüberliegenden Rand ein Loch, und klebe darin das Holzstäbchen fest.

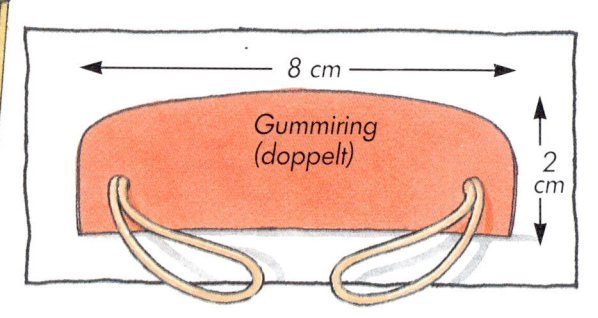

Gummiring (doppelt)
8 cm
2 cm

3 Aus dem Karton Schlinge ausschneiden, zwei Löcher bohren und Gummiring durchziehen.

4 Gummiringenden um Kerben legen und festkleben.

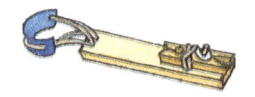

Schießen

Knetmasse- oder Papierkügelchen in die Schlinge legen, und diese in die geöffnete Wäscheklammer ziehen. Klammer loslassen – die Munition sitzt jetzt mit der Schlinge fest. Zum Abschießen Klammer öffnen.

NIEMALS AUF MENSCHEN ODER TIERE ZIELEN!

Als Zielscheiben Schiffe aus Zündholzschachteln, Karton und Papier basteln. Als Masten dienen Holzspieße. Gib jedem Schiff eine Nummer.

Damit die Wäscheklammer fest schließt, Gummiring herumwickeln.

„Munition": Knetmasse- oder Papierkügelchen

Papiersegel auf Masten stecken

Holzspießchen in Zündholzschachtel stecken

Schublade der Schachtel umdrehen

herumgeklebter dünner Karton

Punktezahl

Piraten

umbiegen

Du kannst auch auf Pappiraten zielen. Zeichne sie auf Karton, male sie bunt an und schneide sie aus. Damit sie stehen, Falz umbiegen. Gib jedem Piraten auf der Rückseite eine Punktzahl

Spielregel

Schiffe und Piraten auf eine glatte Unterlage stellen. Jeder Spieler darf sechsmal schießen. Wer zum Schluß die meisten Punkte hat, ist Gewinner.

FREIZEIT

In ihrer knappen Freizeit flickten die Piraten ihre Kleidung, sangen, tanzten oder vertrieben sich die Zeit mit Kartenspielen oder Würfeln.

Buddelschiff

Handwerklich geschickte Piraten schnitzten oder bastelten Gegenstände.

Schiff

1 Flaschenboden mit Federmesser vorsichtig abschneiden. Boden nicht wegwerfen!

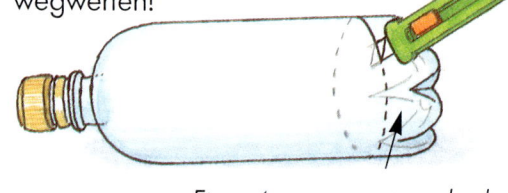

Etwa 4 cm von unten abschneiden

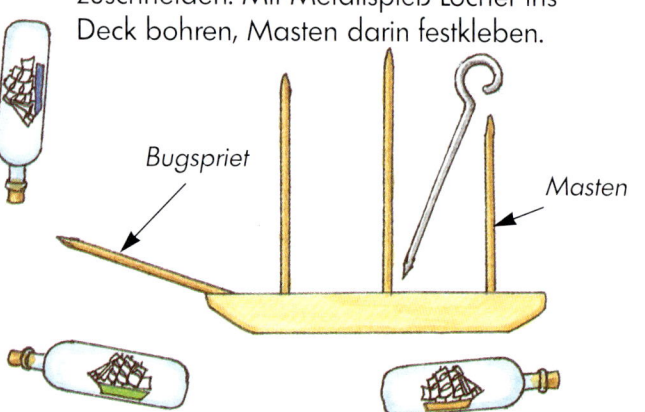

Du brauchst:

Plastikflasche (0,5 l)
Balsaholzbrettchen (8 x 2 x 1,5 cm)
4 dünne Holzstäbchen
dünnen Karton
Federmesser, Metallspieß
Filzstifte, Wollfäden
Kleber, Klebeband, Knetmasse Bleistift, Lineal

4 Zeichne auf den dünnen Karton Segel, und schneide sie aus. In die drei Hauptsegel jeweils oben und unten ein Loch stechen, stecke sie auf die Masten, und klebe sie fest.

2 Bug und Heck auf Holzbrett markieren, Rumpf vorsichtig ausschneiden.

Bug — Heck — Rumpf

3 Holzstäbchen für Masten und Bugspriet zuschneiden. Mit Metallspieß Löcher ins Deck bohren, Masten darin festkleben.

Bugspriet — Masten

5 Schneide 3 dreieckige Segel aus, spanne 3 Wollfäden vom Bugspriet zum Fockmast, klebe die Klüversegel dran.

Fockmast
Klüversegel
Bugspriet

78

In der Flasche

Drücke etwas blaue Knetmasse flach, und klebe sie als Meer in die Flasche.

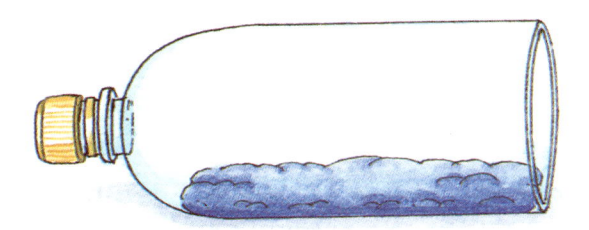

2 Male eine Landschaft auf Karton, schneide sie aus, und klebe sie an einer Seite des Meeres in die Flasche.

3 Bestreiche das Schiffsuntere mit Kleber, und drücke es fest in die Knetmasse.

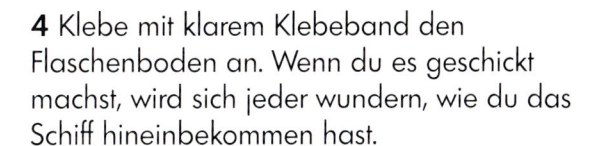

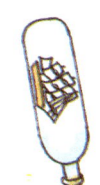

4 Klebe mit klarem Klebeband den Flaschenboden an. Wenn du es geschickt machst, wird sich jeder wundern, wie du das Schiff hineinbekommen hast.

DER AUSGUCK

Hoch oben im Hauptmast stand im Krähennest immer ein Wachposten, der durch ein Fernrohr den Horizont nach Beuteschiffen und gefährlichen Riffen oder Untiefen absuchte.

Fernrohr

Du brauchst:

dünnen weißen Karton
schwarzes Papier oder Farbe
Goldpapier oder -farbe
Schere
Kleber
Lineal
Bleistift

1 Schneide nach den unten angegebenen Maßen 3 Stück Karton zurecht.

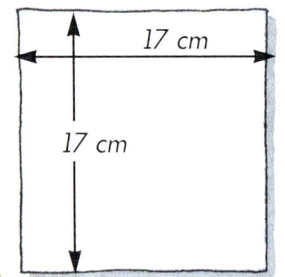

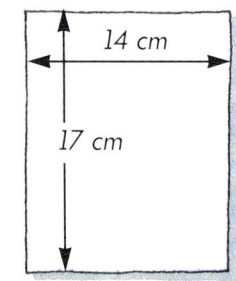

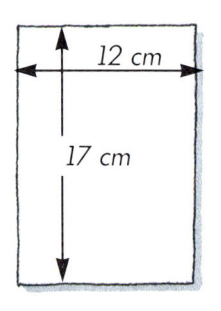

17 cm × 17 cm

14 cm × 17 cm

12 cm × 17 cm

2 Rolle die Stücke zu Röhren, und klebe die Ränder fest.

Schwarz anmalen oder mit schwarzem Papier bekleben

3 Kartonstreifen ausschneiden, um ein Ende der mittleren Röhre kleben.

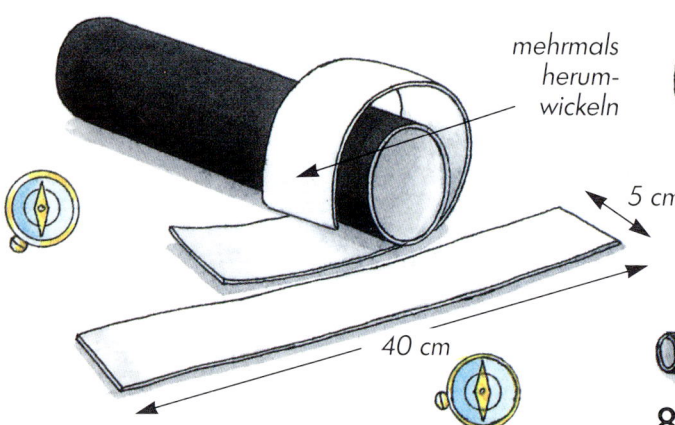

4 Zweiten Streifen ausschneiden, um ein Ende der dünnen Röhre kleben.

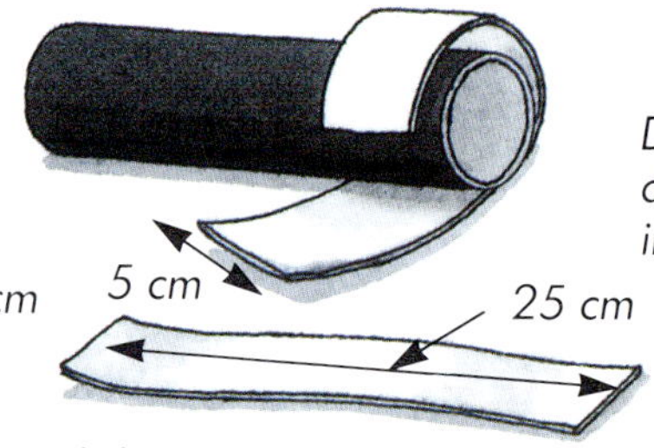

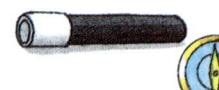

mehrmals herumwickeln

Darauf achten, daß die Röhren gut ineinanderpassen

40 cm × 5 cm

25 cm × 5 cm

dicke Röhre   mittlere Röhre   dünne Röhre

5 Rohrenden zum Schmuck mit goldfarbenem Papier bekleben.

6 Die mittlere Röhre in die dicke und die dünne in die mittlere Röhre schieben.

Streifen an beide Enden kleben

Hier nur ein Ende bekleben

Kompaß

Um sich auf den weiten Meeren zurechtzufinden, mußten die Piraten natürlich auch navigieren können. Seekarten und Instrumente, wie der Kompaß, halfen ihnen dabei.

Kompaßnadeln sind magnetisch und zeigen daher – gleichgültig, wie man den Kompaß hält – immer zum magnetischen Nordpol.

Mach mit einer Nadel und einem schwimmenden Korken folgendes Experiment. Zur Kontrolle benötigst du einen Taschenkompaß.

Magnetisiere eine Nadel, indem du mit ihr 20mal in gleicher Richtung über einen Magneten streichst.

Befestige die Nadel mit Klebeband am Korken.

1 cm hohes Korkenstück

Die Nadel sollte immer nach Norden zeigen.

Teller mit Wasser und einem Tropfen Spülmittel.

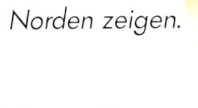

AUF DES MEERES GRUNDE

Piraten waren abergläubisch, glaubten an Kobolde und Nixen. Ein guter Geist war der normalerweise unsichtbare Klabautermann, der ein Schiff erst verließ, wenn es verloren war. Wurde er gesehen, bedeutete das Unheil.

Bei diesem selbstgebastelten Angelspiel wird nach gesunkenen Schätzen gefischt. Vorsicht – es könnte auch ein Seeungeheuer am Haken hängen!

Du brauchst:

2 Stück blauen Karton
dünnen Karton, farbiges Papier
Filzstifte, Büroklammern
2 oder 3 Stöckchen (Holz oder Schilfrohr)
2 oder 3 starke Magnete
Schnur, Kleber, Schere, Klebeband.

1 Auf beiden Kartons in der Mitte (30 cm vom Rand) Linie ziehen. Jeweils von einem Rand 5 cm abmessen, und nochmals Linie ziehen.

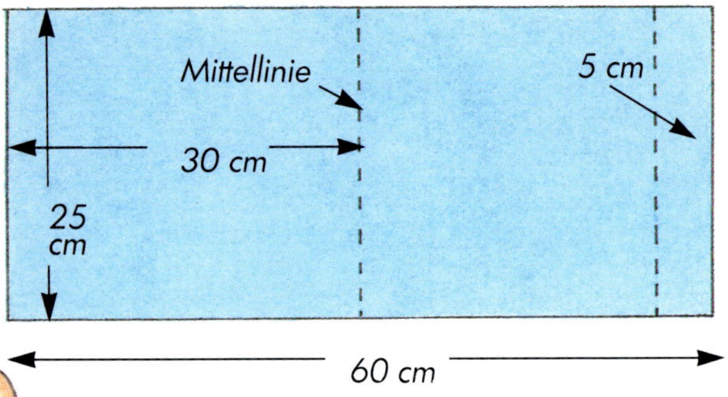

2 Kartonstücke an den Linien falten.

3 Karton-Rechtecke flach hinlegen. Mit Filzstiften oder aus Buntpapier ausgeschnittenen Motiven Meeresgrund aufmalen oder bekleben.

4 Karton-Rechtecke aufstellen, an den Laschen zusammenkleben.

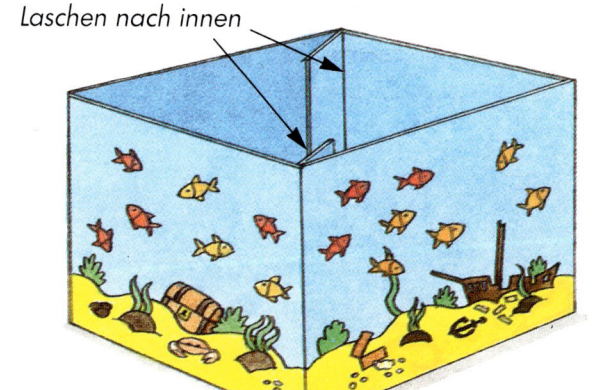

Laschen nach innen

Was man angeln kann

Male alles, was man an die Angel bekommen kann – Fische, Krebse, Anker, Stiefel, Seeungeheuer, Schatztruhen, Tintenfische – auf dünnen Karton. Ausschneiden. Gib jedem Gegenstand eine Punktzahl, der Schatztruhe zum Beispiel 10, dem Krebs 5, dem Stiefel 1 Punkt.

Vorschläge zum Nachmachen

Jeweils 1 Büroklammer an den Gegenständen befestigen

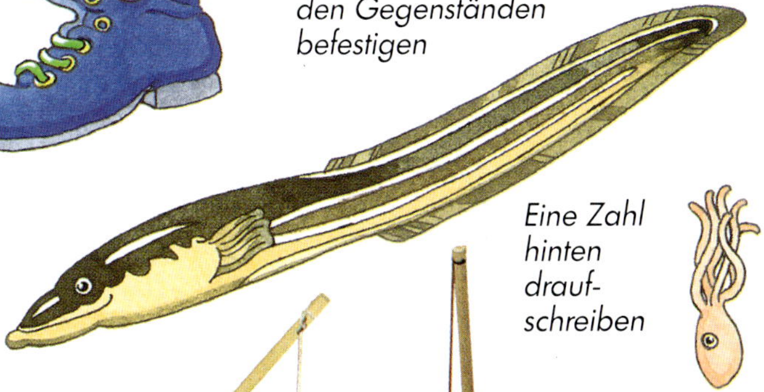

Eine Zahl hinten draufschreiben

Angelrute

Befestige an jedem Stöckchen mit Knoten und Klebeband eine Schnur, und binde ans andere Ende der Schnur einen Magneten.

Schnur herumwickeln

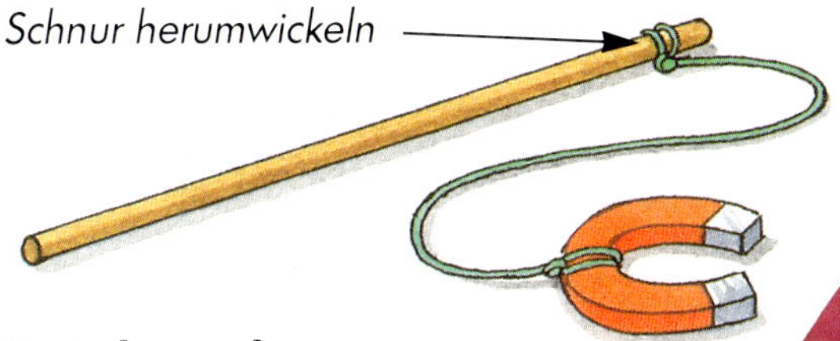

Spielregel

Das Spiel ist für 2 bis 3 Personen. Zuerst kommen alle Gegenstände in das Viereck. Auf „Los!" darf 2 Minuten lang geangelt werden. Je mehr, desto besser. Gewonnen hat, wer nach dem Zusammenzählen die meisten Punkte hat.

83

PIRATENFLAGGE

Um ihre Feinde zu täuschen, zeigten die Piraten manchmal eine ganz normale Flagge, bevor sie dann die Piratenflagge hißten und angriffen.

Bastel dir diese gruselige Piratenflagge, oder denk dir – wie viele Piratenkapitäne damals – ein eigenes furchteinflößendes Motiv aus.

John Rackhams Flagge

Blackbeards Flagge

Du brauchst:

schwarzen Stoff (40 x 30 cm)
weißen oder farbigen Stoff
 oder Papier
Textilkleber
Schere, Stecknadeln
Stock für Fahnenstange

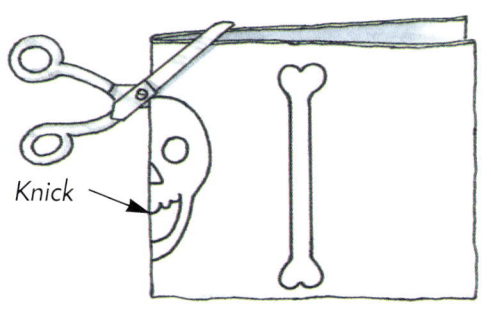

Knick

1 Falte ein Stück Papier in der Mitte, zeichne am Knick einen halben Totenkopf und einen Knochen. Schneide beides aus, und du hast einen ganzen Kopf und zwei Knochen.

Stecknadeln

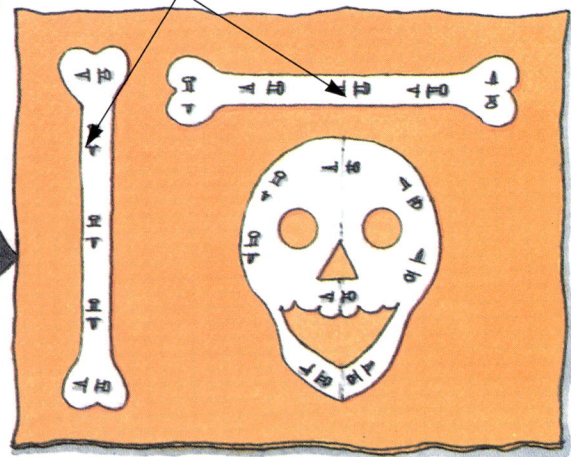

2 Wenn du Stoff benutzt, die ausgeschnittenen Motive feststecken, dann ausschneiden.

umbiegen und Rand festkleben

3 Papier- oder Stoffmotive auf Flagge kleben. An einer Seite den Stock befestigen.

KNOTEN

Piraten mußten, wie alle Seeleute auf Segelschiffen, gut mit Tauen umgehen können und vor allem wissen, wie sie geknotet wurden.

Hier sind ein paar Beispiele für praktische Knoten. Du brauchst dafür ein etwa 1 m langes und 5 mm dickes Nylonseil.

Achtknoten
Dient als Stopper am Seilende.

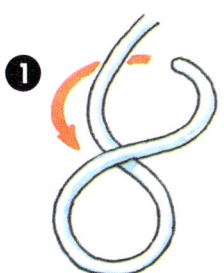

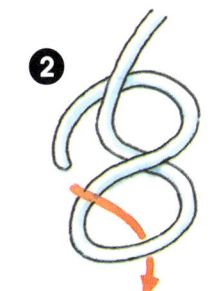

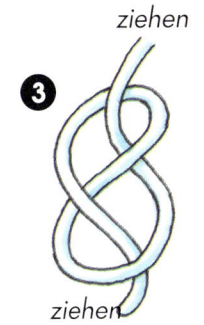

Webeleinstek
Zur Befestigung eines Seils an Rundhölzern.

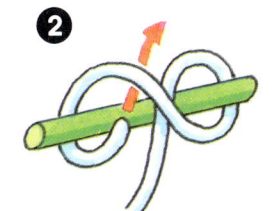

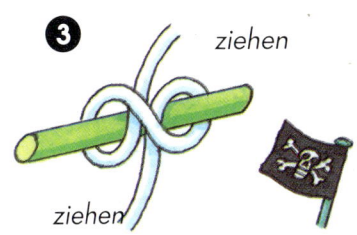

Pahlstek
Eine Schlinge, die sich nicht zusammenzieht.

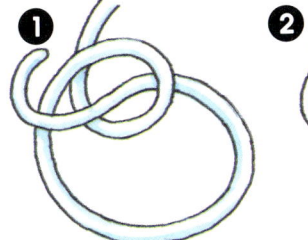

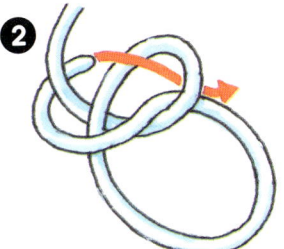

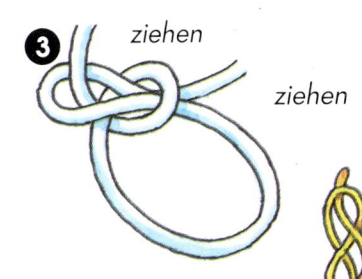

„Trompete"
Dient zur Verkürzung eines Seils.

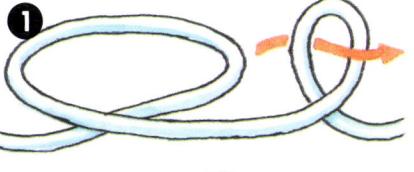

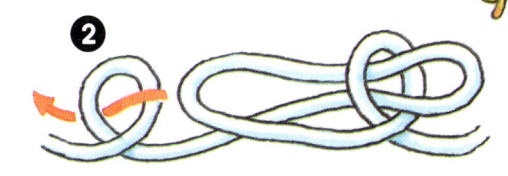

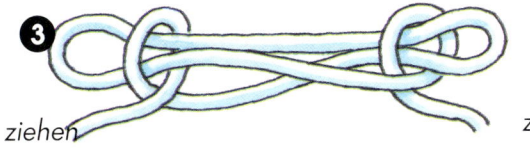

Rundtörn mit zwei halben Schlägen
Zum Festmachen.

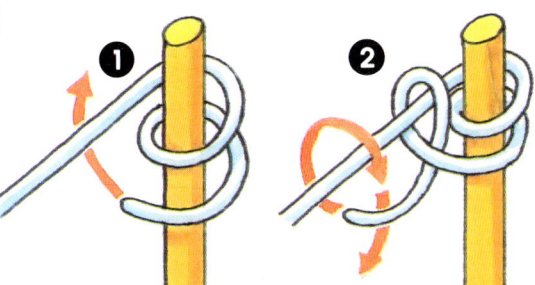

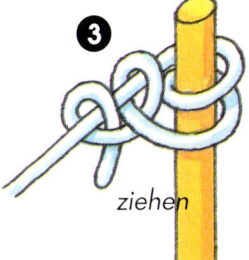

MEHR ÜBER PIRATEN

Piraten oder Seeräuber haben schon zu allen Zeiten die Meere unsicher gemacht. Auch heute gibt es sie noch, vor allem im Südchinesischen Meer.

Die Glanzzeit

Das 16., 17. und frühe 18. Jahrhundert wird das „Goldene Zeitalter der Piraterie" genannt. Damals beherrschen die berüchtigsten Piraten die Meere.

Durch die Entdeckung Amerikas und den zunehmenden Handel zwischen den Kontinenten, befuhren immer mehr Schiffe die Meere – reiche Beute für Piraten!

Die meisten Männer wurden Piraten, weil sie Abenteuer und Freiheit lockten. Manche waren flüchtige Verbrecher, andere wurden von gekaperten Schiffen angeheuert. Sie kamen aus aller Herren Länder.

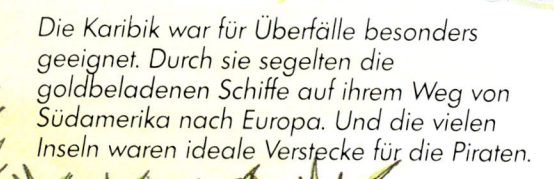

Die Karibik war für Überfälle besonders geeignet. Durch sie segelten die goldbeladenen Schiffe auf ihrem Weg von Südamerika nach Europa. Und die vielen Inseln waren ideale Verstecke für die Piraten.

Bestrafung

Neue Mannschaftsmitglieder mußten sich zur Einhaltung der „Regeln" verpflichten. Jeder Pirat, der gegen sie verstieß oder sonstwie Ärger machte, mußte mit einer der folgenden Strafen rechnen:

Kielholen: der Pirat wurde an einem Seil unter dem Schiff hindurchgezogen. Die Muscheln am Schiffsrumpf rissen dabei tiefe Wunden.

Hundert Hiebe mit der neunschwänzigen Katze, einer Peitsche mit neun Lederriemen.

Dem Pirat wurden Seilfasern, die mit Teer getränkt waren (Werg), in den Mund gestopft und angezündet.

Der Übeltäter wurde mit einem Gewehr und etwas Wasser auf einer einsamen Insel ausgesetzt.

Berühmte Piraten

*John Avery, bekannt als **Long Ben**, lebte im 17. Jahrhundert. Bei einem Überfall „erbeutete" er die Tochter eines indischen Moguls. Er brachte sie nach Madagaskar, wo er wie ein König residierte. Er starb schließlich als armer Mann in England.*

***Blackbeard** (Schwarzbart) hieß eigentlich Edward Teach. Er war der gefürchtetste Seeräuber von allen. Um seinen Gegnern Angst zu machen, ging er mit in den Bart geflochtenen, brennenden Lunten in den Kampf.*

***Kapitän Bartholomew Roberts** kaperte zwischen 1719 und 1722 über 400 Schiffe. Er kleidete sich stets vornehm, trank nur Tee und war sehr fromm. Seine Mannschaft mußte abends um 8 Uhr zu Bett.*

***John Rackham**, der farbenprächtige Kleidung liebte, machte die Karibik ab 1718 unsicher. 1720 wurde er vor Jamaika gefangengenommen. Er starb am Galgen.*

Piratinnen

Frauen hatten auf Piratenschiffen keinen Zutritt, dennoch gab es einige Piratinnen.

***Anne Bonny** verliebte sich in den Piratenkapitän John Rackham und ging, als Mann verkleidet, auf sein Schiff. Sie war eine furchtlose Kämpferin und einer der besten „Piraten" an Bord.*

***Mary Read** wurde als Junge erzogen. Bevor sie Pirat wurde, war sie Diener, Soldat und Matrose. Sie kam zufällig auf Rackhams Schiff, auf dem auch Anne Bonny war und das 1720 aufgebracht wurde. Sie sollten gehenkt werden, wurden aber, da sie beide schwanger waren, begnadigt.*

PIRATEN-ABC

Ausguck Wachposten, der nach Gefahren Ausschau hält

Aussetzen jemanden auf einer einsamen Insel zurücklassen

Buddelschiff ein Schiffsmodell in einer Flasche

Bug Vorderteil des Schiffes

Bugspriet beim Segelschiff schräg über den Bug hinausragender Mastbaum

Bullauge rundes Fenster an Schiffen

Entermesser kurzes Schwert mit gebogener Klinge; gehörte zur Ausrüstung eines Piraten

Fockmast vorderer Mast

Focksegel Segel am Fockmast

Fracht Schiffsladung

Freibeuter andere Bezeichnung für Pirat

Gelbe Flagge sie wurde gehißt, wenn an Bord eine ansteckende Krankheit ausgebrochen war

Handelsschiff Frachtschiff

Heck hinterster Teil des Schiffes

Kapern ein Schiff erbeuten und ausplündern

Kielholen dabei wird eine Person zur Bestrafung an einem Seil unter dem Schiff hindurchgezogen

Klabautermann guter Schiffsgeist, der sich nur dann sichtbar machte, wenn einem Seemann oder Schiff Unheil drohte

Klüver dreieckiges Segel am Bugspriet

Kompaß Instrument zur Bestimmung der Himmelsrichtungen

Krähennest Ausguckplattform hoch oben im Hauptmast

Lösegeld Geld oder andere Gegenleistung für das Freilassen einer Geisel

Navigieren den Kurs setzen

Neunschwänzige Katze Peitsche mit neun geknoteten Lederriemen

Plündern Ausrauben eines Schiffes nach einem Überfall

Pökelfleisch zur Haltbarmachung in Salzlake eingelegtes Fleisch

Rahe Querstange am Mast für das Rahsegel

Regeln Vorschriften, die von den Piraten eisern befolgt werden mußten

Riff Felsgrat im Meer

Seeräuber andere Bezeichnung für Pirat

Stag Seil zum Stützen von Masten

Untiefe seichte Stelle im Meer (Sandbank)

Wanten Tauwerk zum Festhalten des Masts

Werg Fasern von teergetränkten Tauen, die zwischen die Holzplanken gestopft wurden, um die Schiffswände abzudichten (siehe auch „Bestrafung" auf Seite 86).

Tatsache?

● Nicht alle Piraten wurden als Verbrecher angesehen. Sir Francis Drake wurde von Königin Elisabeth I. zum Ritter geschlagen, weil er ein spanisches Schiff voller Gold und anderer Kostbarkeiten für sie ausraubte.

● Es gibt noch andere Namen für Piraten: Seeräuber · Freibeuter · Flibustier · Korsar.

TEIL 4
FORSCHER

INHALT

WAS DU BRAUCHST   92

KLEIDUNG   94

ÜBERLEBEN   96

WO GEHT'S LANG?   98

LAGERPLATZ   100

NORDPOLEXPEDITION   102

DSCHUNGELSAFARI   104

NATURPFAD   106

TAUCHABENTEUER   108

VERBORGENE SCHÄTZE   110

REISE INS ALL   112

MEHR ÜBER FORSCHER   114

FORSCHER-ABC   116

FORSCHER

Forscher bereisen unbekannte Gebiete, sie durchqueren feuchtheiße Dschungel, sengende, trockene Wüsten oder eisige Polarlandschaften. Manche tauchen in die unendlichen Tiefen der Meere, andere lassen sich mit Raketen ins All schießen. Forscher sind mutig und lieben Abenteuer.

Dieses Kapitel enthält viele Ideen, wie man Forscher spielen kann. Es zeigt zum Beispiel, wie du einen Moskitohut und eine Überlebenstasche für eine Expedition in den Dschungel basteln kannst, oder es gibt dir Tips für den Bau eines Unterschlupfes.

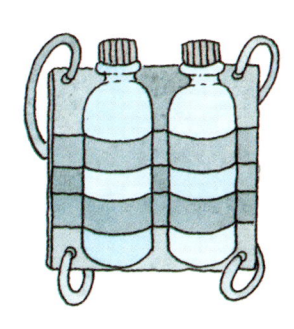

Bring den Dschungel in dein Zimmer, indem du es mit einem Riesenbild ausschmückst. Oder betätige dich als Tierforscher, und sammle Käfer in einem Glas. Bastle dir eine Maske von einem Außerirdischen, ein Sauerstoffgerät und einen Astronautenhelm für ein Abenteuer im Weltraum.

Du kannst auch deine Freunde zu einem Polar-Wettrennen einladen oder versuchen, dem Pyramidenlabyrinth zu entkommen.

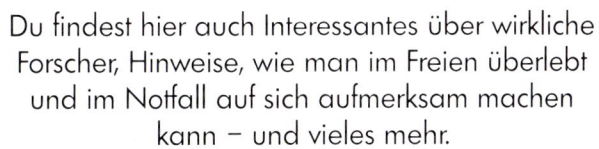

Du findest hier auch Interessantes über wirkliche Forscher, Hinweise, wie man im Freien überlebt und im Notfall auf sich aufmerksam machen kann – und vieles mehr.

WAS DU BRAUCHST

Auf diesen beiden Seiten ist abgebildet, was du für die Spiele und Bastelarbeiten alles benötigst.

- Verbandskasten
- Schere
- Wasserflasche
- Tüll
- Stoff
- Laken oder Wolldecke
- Watte
- Band
- Deckel einer Plastikschachtel
- kleiner Karton
- leere Spülmittelflasche mit Henkel
- Tapete
- Plastikfolie
- Rucksack
- Wanderschuhe
- Alufolie
- Plastikschlauch
- Sonnen- oder Skibrille
- Trinkhalme
- praktische Kleidung

Verpflegung

Klebeband

Lineal

Pinsel

Gummibänder

Bleistift

Schnur

Federmesser (Achtung! Sehr scharf!)

Filzstifte

Stiftkappe

Plastilin

kleines Schraubglas mit Plastikdeckel

großes Schraubglas

Haft- oder Knetmasse

Farben

Plastikflaschen

farbiges Papier

farbiger Karton

Textilkleber

Klebstoff

Umgang mit dem Federmesser

Arbeiten mit diesem scharfen Messer laß lieber von einem Erwachsenen durchführen. Wichtig: Immer vom Körper weg schneiden! Feste Unterlage aus Holz oder dickem Karton benutzen.

vom Körper weg schneiden

Unterlage zum Schutz der Tischplatte

VORSICHT!

An scharfen, spitzen und heißen Gegenständen kann man sich verletzen. Bitte bei diesem Warnzeichen einen Erwachsenen um Hilfe.

KLEIDUNG

Forscher tragen bequeme und praktische Kleidung, die dem Klima und dem Gelände angepaßt ist, in dem sie sich aufhalten. Hier einige Vorschläge, wie du dir ein Forscher-Outfit zusammenstellen kannst.

Bei Kälte brauchst du:

- *Wollmütze (ein Drittel deiner Körperwärme entweicht über den Kopf)*
- *Skibrille gegen Schneeblindheit*
- *Schal, um deinen Hals warmzuhalten und um zu verhindern, daß warme Luft, die ja aufsteigt, am Halsausschnitt entweicht*
- *warme, wasserfeste Jacke*
- *Handschuhe*
- *helle, leuchtende Farben, die bei schlechtem Wetter besser gesehen werden*
- *mehrere Kleidungsstücke übereinander, um die dazwischenlagernde Wärme zu speichern*
- *dicke Socken und feste Stiefel gegen Kälte und Nässe*

Bei Hitze brauchst du:

- *Sonnenhut als Schutz gegen Sonnenbrand und Sonnenstich*
- *bequemer Rucksack für dein Gepäck*
- *Sonnenbrille zum Schutz vor blendendem Sonnenlicht*
- *leichtes, lockeres Hemd oder T-Shirt, das Luftzirkulation zuläßt*
- *Wichtig: Sonnenschutzmittel!*
- *Shorts oder leichte Hose*
- *natürliche Farben, die der Landschaft angepaßt sind*
- *längere Socken, wenn du durch hohes Gras gehst*
- *bequeme Schuhe oder Wanderstiefel*

Moskitohut

Mach dir einen Hut, der dich in den Tropen gegen Insekten schützt.

Du brauchst:

ein großes Stück Karton
ein Stück Tüll
Schnur
Textilkleber
Schere
Klebeband

Statt Tüll kannst du auch das Netz nehmen, in dem manchmal Obst verpackt ist.

1 Zeichne um einen großen Teller einen Kreis auf den Karton. Schneide ihn aus. Mach in den Rand Schnitte.

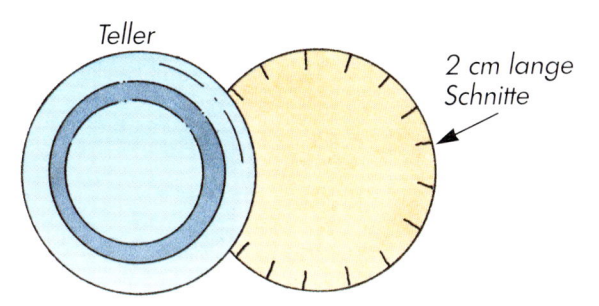

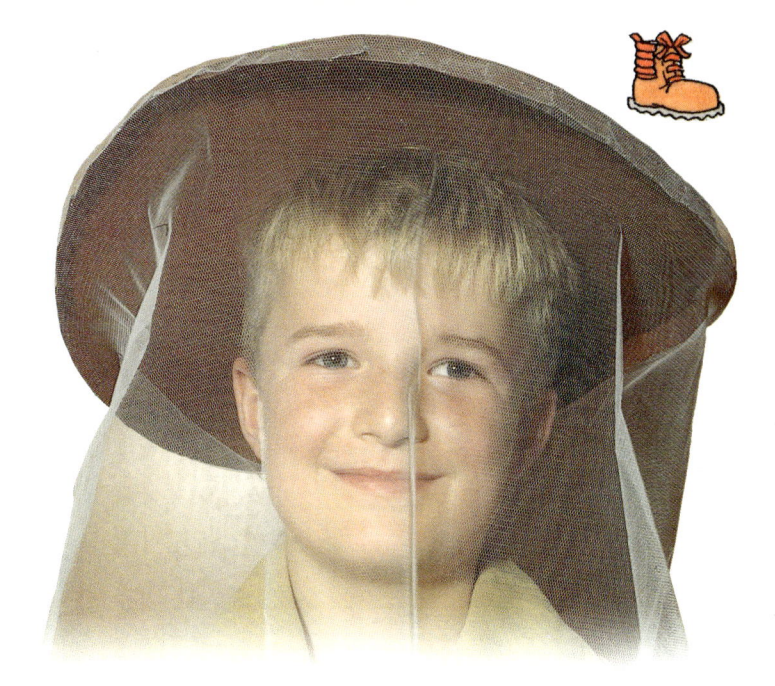

Teller

2 cm lange Schnitte

2 Miß mit einer Schnur deinen Kopfumfang. Klebe die Schnur auf den Karton, und schneide den Kreis innen aus.

Der zugeschnittene Rand muß auf deinen Kopf passen.

Du kannst das Netz auch an einem alten Hut befestigen.

3 Mach die Schnur ab, und setze den Karton auf den Kopf. Lege das Tüllstück darum, um zu sehen, wieviel du brauchst.

Das Tüllstück sollte bis zur Schulter reichen.

4 Biege den eingeschnittenen Rand nach unten. Klebe den Tüll fest.

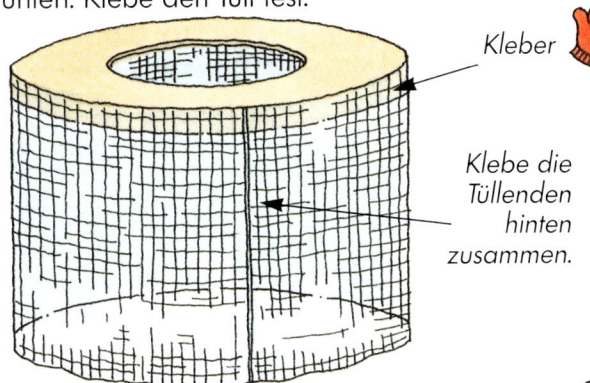

Kleber

Klebe die Tüllenden hinten zusammen.

ÜBERLEBEN

Ohne Essen und Trinken kann der Mensch nicht überleben. Forscher müssen daher Lebensmittel und sehr viel Wasser mitnehmen.

Da frische Nahrungsmittel leicht verderben, nehmen Forscher Nahrung getrocknet, in Konserven oder in Pulverform mit, wobei sie auf Eiweiß, Fett und Kohlenhydrate achten.

Hier sind einige Vorschläge für energiereiche Verpflegung während deiner Expedition.

Trockenobst

Nüsse

Wasser in einer Plastikflasche

Schokolade

Bonbons

Ohne Wasser würde ein Mensch nach wenigen Tagen sterben. Geht Forschern das Wasser aus, trinken sie geschmolzenen Schnee oder Eis, Tau oder Regenwasser.

Überlebenstasche

Bastle dir diese nützliche Tasche, und fülle sie mit wichtigen Dingen für deine Expedition.

Du brauchst:

2 Stück festen Stoff
  (32 x 22 cm und 32 x 10 cm)
Textilkleber
Band (45 cm lang)
Schere
Lineal
Überlebensausrüstung wie Verbandszeug, Schere, Pinzette, Taschenmesser, Seil, Kompaß, Mittel gegen Schlangenbisse usw.

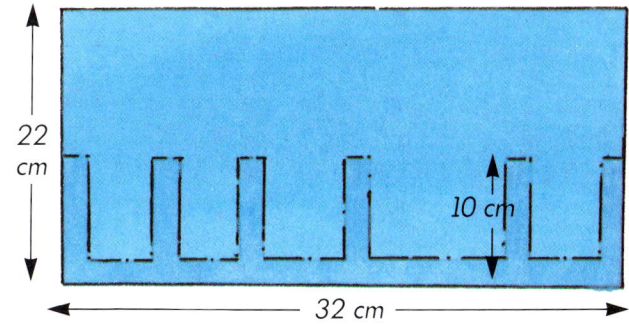

1 Teile den Stoff in verschieden große Fächer auf, und bestreiche Ränder und Linien wie hier gezeigt mit Klebstoff.

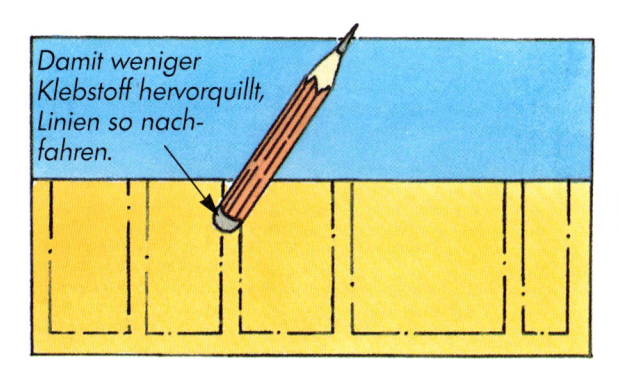

Damit weniger Klebstoff hervorquillt, Linien so nachfahren.

2 Lege das kleinere Stoffstück (wenn es eine andere Farbe hat, sieht es hübscher aus!) darauf, und fahre mit dem Bleistiftende fest die Linien entlang. Trocknen lassen!

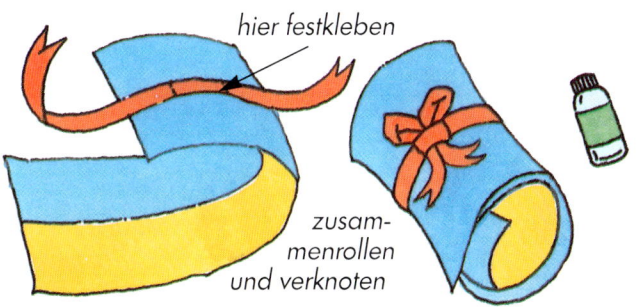

hier festkleben

zusammenrollen und verknoten

3 Die Mitte des Bandes wird, wie hier gezeigt, auf der Tasche festgeklebt. Nachdem du die Fächer gefüllt hast, Tasche zusammenrollen, Band herumwickeln und so zubinden, daß sie im Notfall rasch geöffnet werden kann.

Ein Fläschchen Wasser soll ein Mittel gegen Schlangenbisse darstellen!

WO GEHT'S LANG?

Forscher brauchen Landkarten, um sich in unbekanntem Gelände zurechtzufinden und Gefahren und Hindernissen wie Sümpfen oder hohen Bergen auszuweichen.

Entdecker, die ein völlig unbekanntes Gebiet erforschen, zeichnen Karten, damit zukünftige Reisende leichter den Weg finden.

Stell diese Entdeckerkarte her, und benutze sie für ein Spiel mit deinen Freunden.

Du brauchst:

einen Bogen Papier (48 x 36 cm)
farbiges Papier
Filzschreiber
Schere, Knetmasse
Bleistift, Lineal

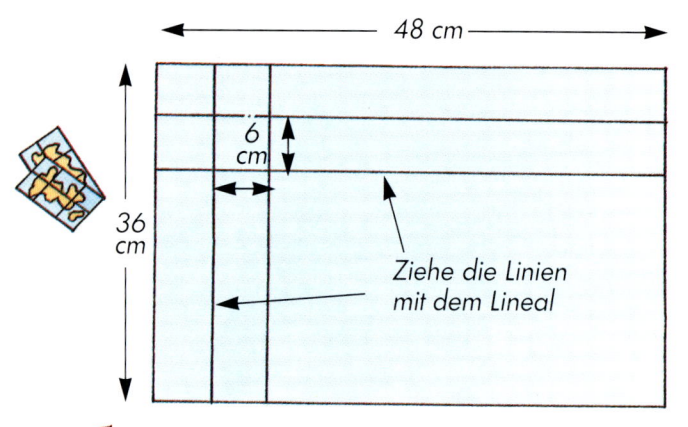

Ziehe die Linien mit dem Lineal

1 Mach an allen 4 Seiten Punkte in 6 cm Abstand, und verbinde die gegenüberliegenden Punkte durch Linien, so daß 48 Quadrate entstehen.

2 Numeriere die Kästchen am linken Rand von 1 bis 6, und schreibe in die oberste Reihe die Buchstaben A bis H.

Ereignisse für die Karte

Pause die Bildchen auf Seite 99 ab, übertrage sie auf Buntpapier, schneide sie aus, und klebe Knetmasse auf ihre Rückseite. Im Kasten (rechts) ist die Punktzahl für jedes Ereignis angegeben.

Ereignis	Punkte	Ereignis	Punkte
Tarantel	minus 10	Goldmine	10
Tiger	minus 9	Wasserloch	9
Gorilla	minus 8	Schlangenserum	8
Sumpf	minus 7	Schimpanse (er weist den Weg)	7
Schlangengrube	minus 6	Strickleiter	6
unfreundliche Ureinwohner	minus 5	Elefant (er trägt dich)	5
Haischwarm	minus 4	Proviant	4
Krokodil	minus 3	versunkene Stadt	3
Dornenstrauch	minus 2	LKW	2
Moskitos	minus 1	freundliche Ureinwohner	1

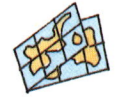

Spielregel

Ein Mitspieler klebt mit Knetmasse die Bildchen in verschiedene Felder der Karte: Natürlich dürfen die anderen nicht sehen, wohin.

Die Spieler nennen nun nacheinander ein beliebiges Quadrat, zum Beispiel C 5. Klebt auf C 5 ein Elefant, erhält der Spieler 5 Punkte. Nennt er ein Feld, auf dem ein Krokodil klebt, werden ihm oder ihr 3 Punkte abgezogen. Nennt man ein unbesetztes Feld, gibt es null Punkte. Nachdem jeder fünfmal an der Reihe war, werden die Punkte zusammengezählt. Wer die meisten hat, hat gewonnen. Danach klebt ein anderer die Ereignisse auf.

LAGERPLATZ

Nach einem anstrengenden Tag halten Forscher Ausschau nach einem geeigneten Platz für ihr Nachtlager. Er muß sehr sorgfältig ausgesucht werden.

Hierauf achtet ein Forscher ganz besonders:

geschützter Platz, nicht zu tief gelegen, da sich dort leicht Nebel bildet

Holz fürs Lagerfeuer

See oder Fluß in der Nähe

trockener, ebener Boden

Der Zelteingang soll auf der vom Wind abgewandten Seite liegen und nach Osten zeigen, damit die Morgensonne darauf scheint.

Dach überm Kopf

Manche Forscher haben keine Zelte dabei. Sie bauen sich Unterkünfte aus natürlichem Material – aus Zweigen, Blättern, Steinen und im Winter auch aus Schnee.

Schneehütte (Iglu). Ihre Wände aus hartgefrorenem Schnee lassen keine Wärme von innen nach außen dringen.

Steinhütte. Um die Ränder einer Mulde werden Steine aufgeschichtet, darüber kommt ein Dach aus Zweigen, Gras und Moos.

Stangenhütte – ähnlich einem Indianer-Tipi. Stangen oder Äste werden im Kreis aufgestellt und oben zusammengebunden. Dann werden aus Zweigen und Moos Wände geflochten.

Wir bauen ein Zelt

Hier sind Beispiele für einfache Zelte. Du kannst dir auch selbst etwas ausdenken.

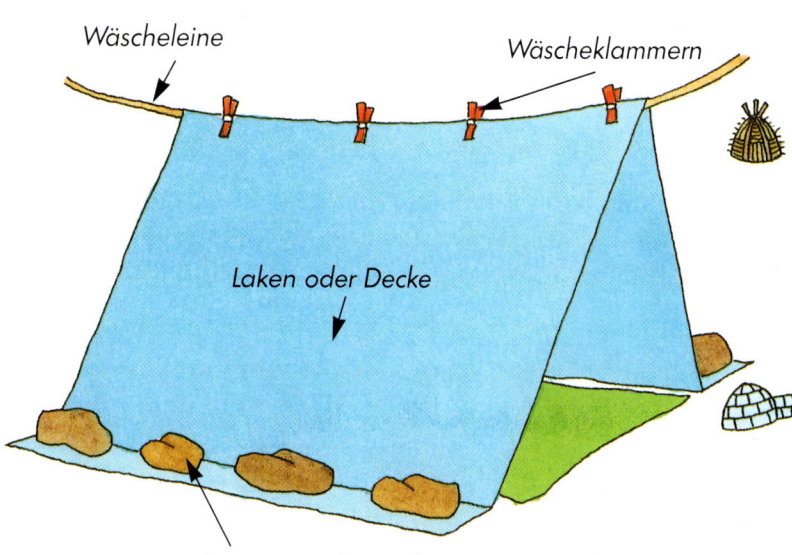

Dies ist gut für drinnen und draußen:

drei nach außen gerichtete Stühle

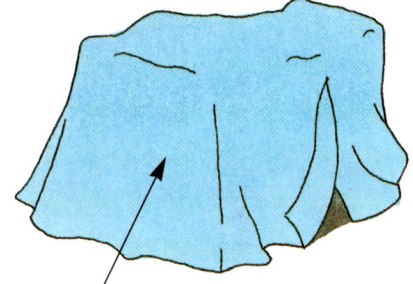

Wäscheleine

Wäscheklammern

Laken oder Decke

Laken oder Decke wird darübergelegt

große Steine oder andere Gegenstände

Bei warmem, trockenem Wetter kannst du die Nacht vielleicht draußen verbringen. Nicht vergessen:

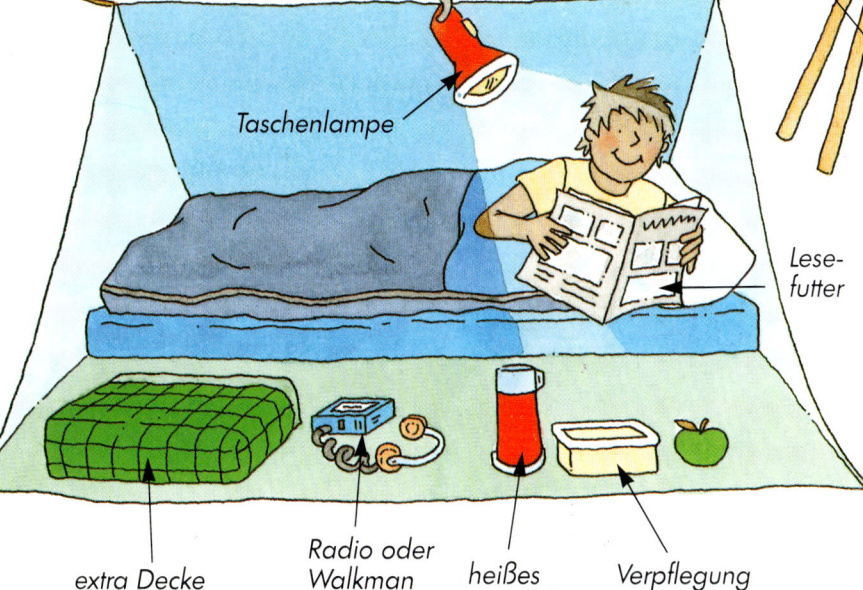

Hier laß dir von einem Erwachsenen helfen.

6 lange Rohrstöcke an einem Ende zusammenbinden. Die anderen Enden werden kreisförmig in die Erde gesteckt.

Laken oder Decke um die Stöcke legen

Taschenlampe

Lesefutter

Wäscheklammern oder Sicherheitsnadeln zum Zusammenstecken

extra Decke

Radio oder Walkman

heißes Getränk

Verpflegung

NORDPOLEXPEDITION

In der Arktis ist es bitterkalt und oft sehr stürmisch. Moderne Forscher benutzen in Eis- und Schneeregionen Motorschlitten als Transportmittel.

Bei diesem Spiel mußt du die Motorschlitten zurück zu den Iglus bringen. Aber aufgepaßt! Es lauern Eisbären und Eislöcher.

Du brauchst:

ein Stück weißen Karton (40 x 50 cm)
dickes und dünnes Buntpapier
Filzstifte, Trinkhalme
Knetmasse, Kleber
Schere, Lineal

Iglus

Zeichne 4 Iglus auf dickes Papier und schneide sie aus. Male auf jedes eine Punktzahl. Biege die Enden an den Strichlinien um, und klebe Karton darunter.

Punktzahl

6 cm breit

hier umbiegen

Eisbären

Zeichne nach dieser Vorlage oder nach eigener Idee 4 Eisbären auf festes Papier, und schneide sie aus.

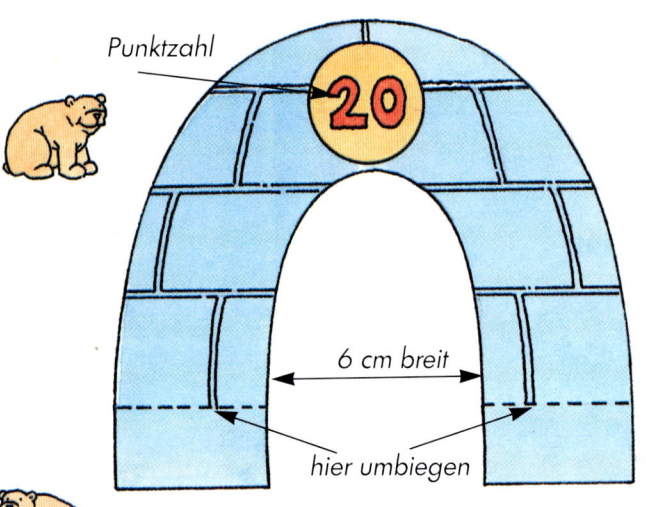

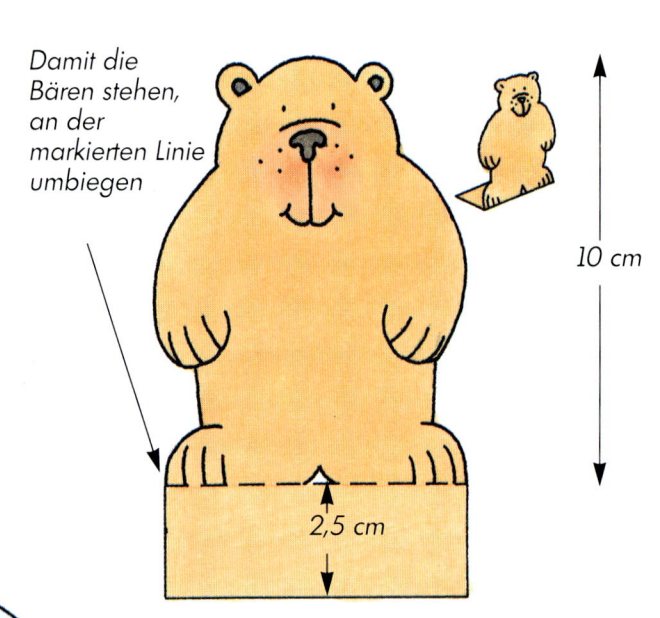

Damit die Bären stehen, an der markierten Linie umbiegen

10 cm

2,5 cm

Motorschlitten

Pause die Form (rechts) auf dünnem Papier ab, schneide mehrere davon in verschiedenen Farben aus. Biege die überstehenden Teile an den Markierungen um.

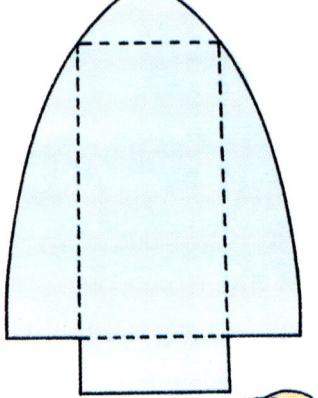

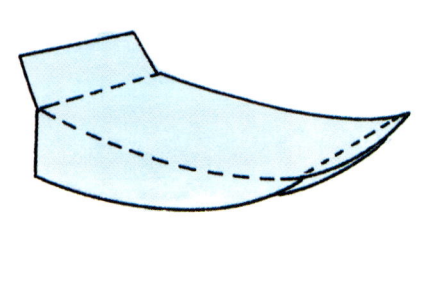

Spielbrett

An der rechten und linken Seite des Kartons je 5 cm abmessen, Linien ziehen und hochbiegen.

An einem Ende des Spielbretts die Iglus ankleben

Eislöcher ausschneiden

Eisbären mit Knetmasse ankleben

Spielregel

Die den Iglus gegenüberliegende Spielbrettkante muß höher liegen. Schiebe deshalb an dieser Seite ein paar Bücher unter.

Jeder Spieler hat jeweils 3 Versuche, einen Schlitten in ein Iglu zu befördern. Dabei pustet man mit einem Trinkhalm an das hochgebogene Schlittenende. Punkte gibt es für jeden Schlitten, der in ein Iglu bugsiert wird. Die Höhe der Punkte richtet sich nach der Zahl über dem Eingang. Fällst du in ein Loch oder triffst du auf einen Eisbären, kommt der nächste Spieler dran.

Gewinner ist, wer am Ende die meisten Punkte hat. Fröhliche Schlittenpartie!

DSCHUNGELSAFARI

Dschungel oder tropische Regenwälder sind feuchtheiße Gebiete, die von Bäumen, Lianen und anderen Pflanzen überwuchert sind. Oft müssen sich die Forscher ihren Weg mit Buschmessern durch den dichten Dschungel bahnen.

Tropische Regenwälder gedeihen am Äquator, wo es heiß und feucht ist. Es gibt kaum einen Tag ohne Regen. Nach einem kräftigen Regenschauer dampft der ganze Wald wie eine Waschküche.

Im Dschungel leben unzählige phantastische bunte Vögel und alle möglichen anderen Arten von Tieren. Hier ist ein Vorschlag, wie du dein Zimmer in einen Urwald verwandeln kannst.

Du brauchst:

*Eine Rolle Tapete (weiß)
 oder anderes weißes Papier
farbiges Papier
Filzstifte, Malkasten
Klebeband
Knetmasse oder Kleber
Schere*

1 Klebe Tapetenbahnen an die Wand. Vorher aber erst die Eltern fragen!

2 Male einen Hintergrund aus Bäumen, Schlingpflanzen und Blumen. Laß im Vordergrund einen Fluß vorbeiplätschern.

3 Male Tiere – vom Tiger bis zum Schmetterling –, schneide sie aus, und klebe sie auf den gemalten Hintergrund.

Wenn du die Tiere mit Knetmasse anklebst, kannst du die Urwaldszene immer wieder verändern.

Hier sind einige Tiere zum Abpausen. Suche in Büchern und Illustrierten nach anderen Urwaldbewohnern, die du abzeichnen kannst.

Schmetterling

Papagei

Affe

Faultier

Baumfrosch

Alligator

Pythonschlange

Piranha

Jaguar

Kolibri

Der Urwald ist von den Baumwipfeln bis zur Erde in verschiedene Lebensräume gegliedert. In jedem leben bestimmte Tiere und Pflanzen.

NATURPFAD

Viele Forscher drangen in unerforschte Gebiete vor, um nach noch unbekannten Tieren und Pflanzen zu suchen. Mit einer einfachen Ausrüstung kannst auch du zum Naturforscher werden.

Erkunde Wald und Wiese, einen Park oder euren Garten. Geh nicht allein auf Forschungstrip. Nimm Freunde oder einen Erwachsenen mit.

Notiere alles, was du entdeckst, in einem Heft, dessen Seiten du in 4 Spalten mit den Überschriften „Datum", „Ort", „Zeit" und „Beschreibung" aufgeteilt hast.

Datum	Ort	Zeit	Beschreibung
Mo 1.7.	Garten	15:30	Grüne Raupe
Di 2.7.	Apfelbaum	16:00	Blaue
Fr 5.7.	Vorgarten	7:30	
Sa 6.7.	Komposthaufen	10:00	sehr haarige Raupe
So 7.7.	Park	11:30	Eichhörnchen

Binde das Heft in farbiges Papier ein, und bemale es. Du kannst auch Pflanzen und Tiere ausschneiden und aufkleben.

Käferglas

Damit kannst du Insekten fangen und untersuchen, ohne ihnen weh zu tun. Laß sie aber so schnell wie möglich wieder frei. Glas nicht in die Sonne stellen, sonst gehen die Tiere ein.

Du brauchst:

ein kleines Glas mit Plastikdeckel
Plastikschlauch (30 cm lang, 1 cm Durchmesser)
Plastikschlauch (20 cm lang, 5 cm Durchmesser)
Federmesser
Stift
Watte
Gaze

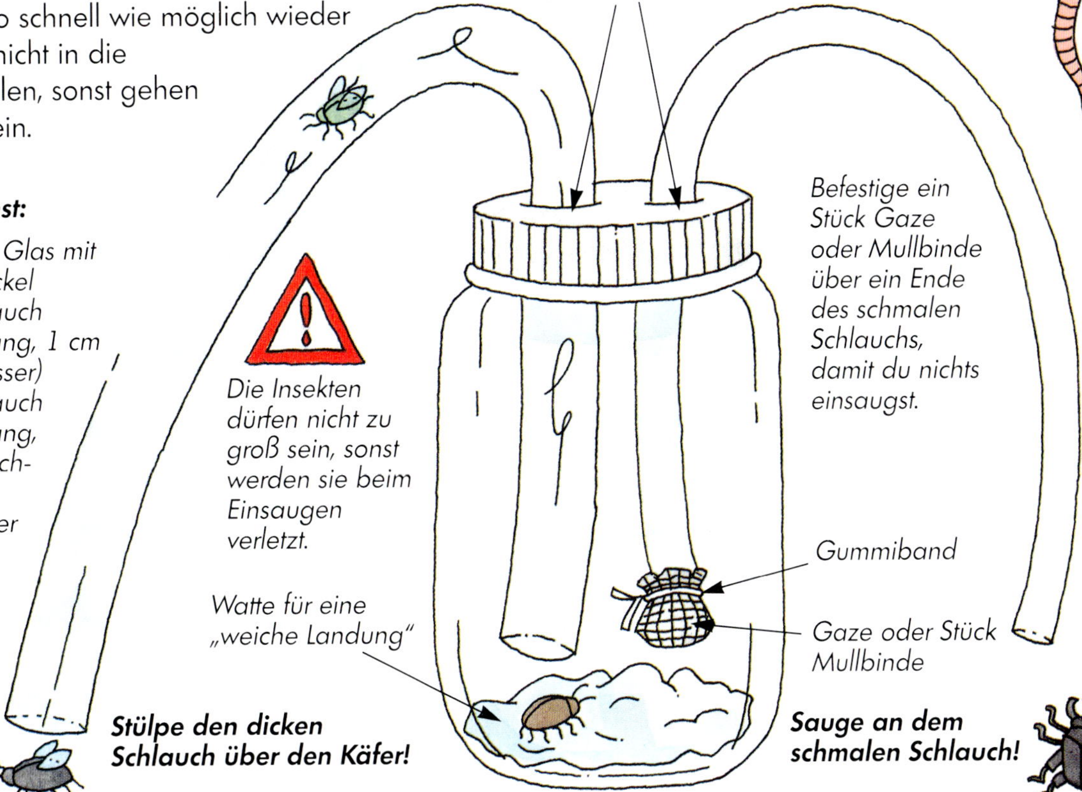

Zeichne auf dem Deckel Kreise um die Schlauchenden, und laß einen Erwachsenen die Löcher ausschneiden. Die Schlauchenden müssen genau hineinpassen

Befestige ein Stück Gaze oder Mullbinde über ein Ende des schmalen Schlauchs, damit du nichts einsaugst.

Die Insekten dürfen nicht zu groß sein, sonst werden sie beim Einsaugen verletzt.

Watte für eine „weiche Landung"

Gummiband

Gaze oder Stück Mullbinde

Stülpe den dicken Schlauch über den Käfer!

Sauge an dem schmalen Schlauch!

Raupe im Glas

Wenn du eine Raupe findest, nimm sie zusammen mit etwas von dem Grünzeug, an dem sie knabberte, nach Hause.

Stecke sie in ein ausreichend großes Glas, denn wenn aus ihr ein Schmetterling oder eine Motte schlüpft, muß der genug Platz für seine Flügel haben.

Beobachte, wie aus der Raupe eine Puppe und 2, 3 Wochen später ein Schmetterling oder eine Motte wird.

Halte das Insekt nicht gefangen – laß es frei, sobald es fliegen kann.

Plastikfolie mit eingestanzten Löchern

großes Glas

Grünzeug, auf dem du die Raupen gefunden hast

nasse Watte

Erde oder Sand

TAUCHABENTEUER

Unter Wasser gibt es eine phantastische Welt zu entdecken, voll von seltsamen und farbenprächtigen Lebewesen, überwältigenden Landschaften und gesunkenen Schätzen.

Viele Taucher arbeiten mit Atmungsgeräten, die wie ein Rucksack auf den Rücken geschnallt werden. Mit ihnen können sie bis zu 50 Meter tief tauchen. Tiefseeforscher, die viele tausend Meter tief in die Meere vordringen, benutzen dazu kleine Tauchboote.

Tauchexperiment

Dieses Experiment solltest du ausprobieren!

Du brauchst:

eine leere Plastikflasche (1,5 l)
ein Stück Plastik
Filzstiftkappe
Gummiband
Plastilin

Der Taucher muß so schmal sein, daß er durch den Flaschenhals paßt.

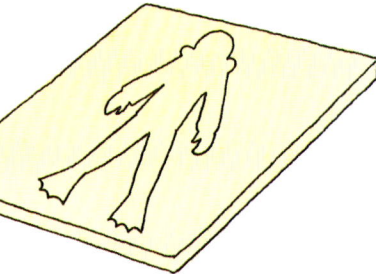

1 Zeichne auf das Plastikstück einen Taucher, schneide ihn aus, und bemale ihn.

2 Drücke etwas Plastilin um die Filzstiftkappe. Die Öffnung muß aber frei bleiben.

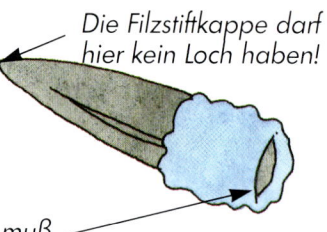

Die Filzstiftkappe darf hier kein Loch haben!

Die Öffnung muß frei bleiben.

Eine schmale, spitze Kappe ist am besten.

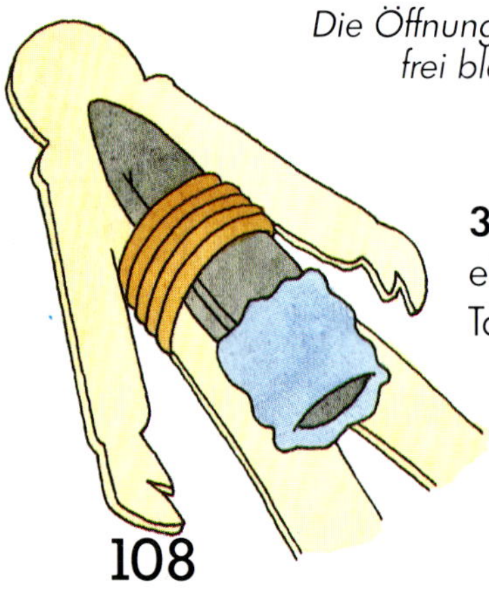

3 Befestige die Kappe mit einem Gummiband am Taucher.

4 Fülle die Flasche fast bis obenhin mit Wasser, und stecke den Taucher hinein.

5 Schraube die Flasche zu, drücke sie etwas, und der Taucher sinkt auf den Grund. Laß wieder los, und er steigt nach oben.

Du könntest auf die Flasche Fische, Seegras, Korallen, vielleicht auch ein Schiffswrack aus Papier kleben.

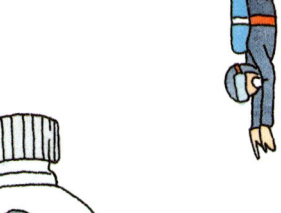

Wenn der Taucher zu leicht ist oder gleich nach unten sinkt, mußt du es mit mehr oder weniger Plastilin probieren, bis er das richtige Gewicht hat.

Klebe zum Schutz der Dekoration Plastikfolie um die Flasche.

Tauchersprache

Richtige Taucher verständigen sich unter Wasser mit einer Zeichensprache.

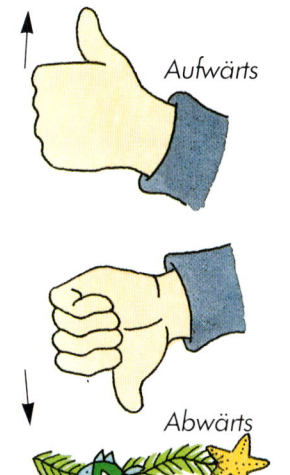

Aufwärts

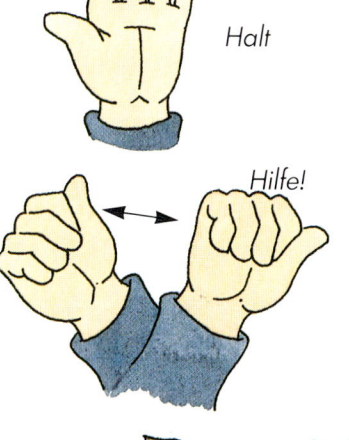

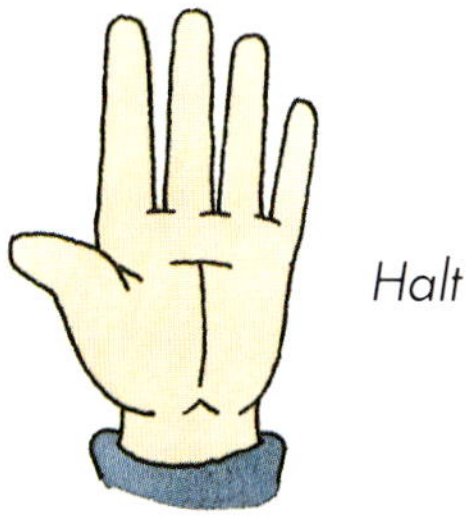

Abwärts

Halt

Hilfe!

O.K.

Etwas ist nicht o.k.

VERBORGENE SCHÄTZE

Alle Forscher träumen davon, als erster eine lang versunkene antike Stadt oder einen jahrtausendealten Schatz zu entdecken.

Expeditionen ins Unbekannte können schwierig und gefährlich sein. Diese Forscher haben in einer Pyramide eine bisher unbekannte Kammer entdeckt – doch die Tür hat sich hinter ihnen geschlossen. Kannst du ihnen auf einem anderen Weg wieder heraushelfen?

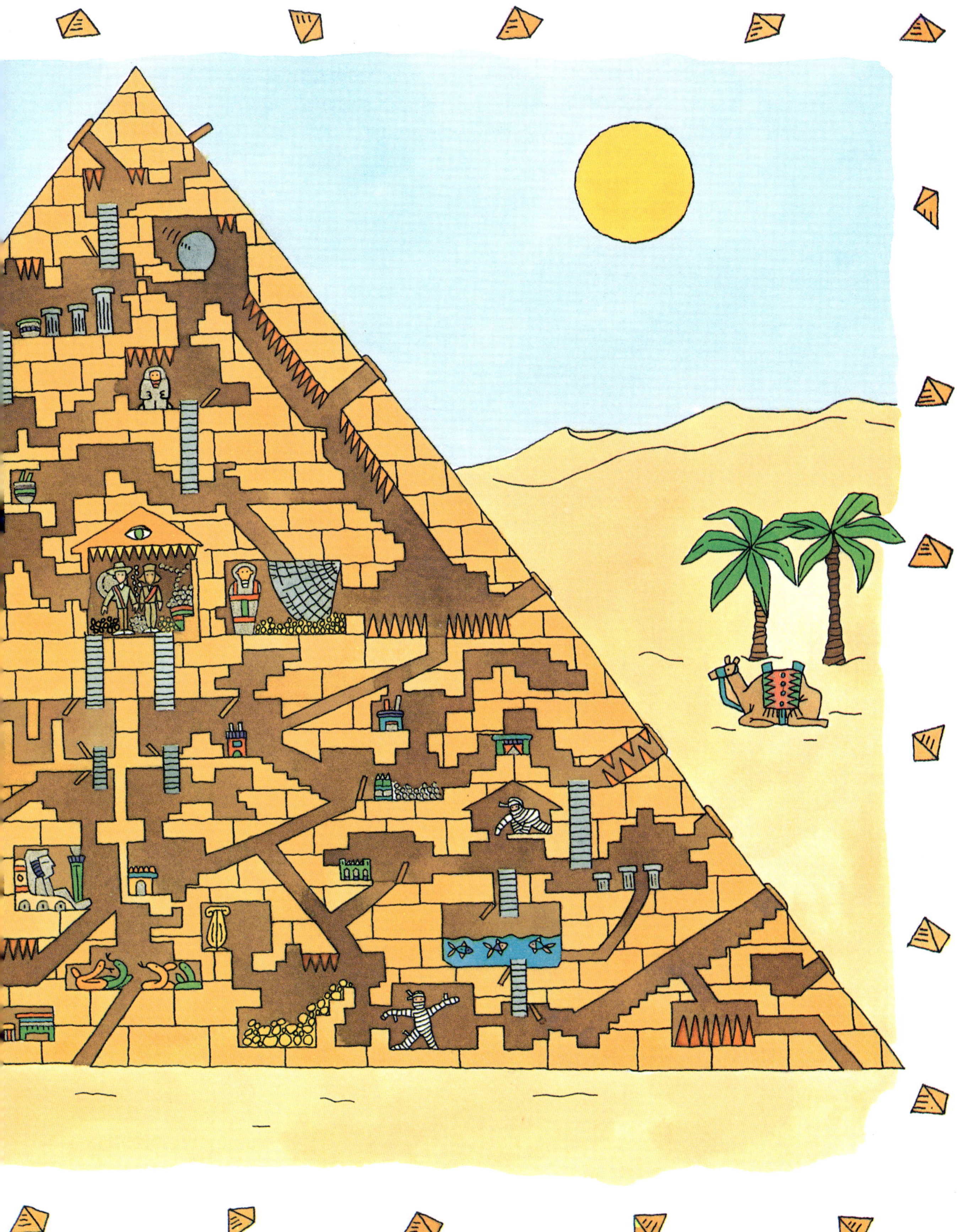

REISE INS ALL

Im All gibt es keine Luft zum Atmen, außerdem herrscht dort Schwerelosigkeit, so daß die Astronauten schweben. Außerhalb ihrer Raumkapseln müssen sie besondere Schutzanzüge tragen und Sauerstoffgeräte zum Atmen mitnehmen.

Ein Anorak oder Trainingsanzug gibt einen tollen Raumanzug ab.

Aus einer leeren Plastikflasche mit Henkel kannst du dir eine Laserkanone basteln. Beklebe sie mit Buntpapier und Alufolie.

Sauerstoffmaske

Du brauchst:

ein großes Stück Karton
2 leere Plastikflaschen
Plastikschlauch
farbiges Papier
Schnur
Klebeband

Ziehe die Schnur durch. Kreuze sie vorn, und binde sie auf dem Rücken zusammen.

Stecke ein Schlauchende in das Loch, das du in die eine Helmseite geschnitten hast.

Bohre 4 Löcher in den Karton.

Stecke das andere Schlauchende in eine der Flaschen. Klebe es mit Klebeband fest.

Klebe die Plastikflaschen auf das Stück Karton.

Male den Karton silbern an, oder klebe Alufolie darauf.

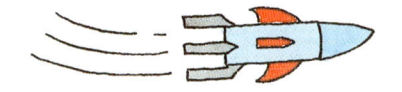

Laß dir ein paar alte Gummistiefel mit Silberfarbe einsprühen.

112

Helm

Du brauchst:

Karton, in dem dein Kopf bequem Platz hat
Schere oder Federmesser
Alufolie
farbiges Papier
Kleber
Schnur

1 Öffne den Karton oben und unten. Schneide die dunkel markierten Teile ab.

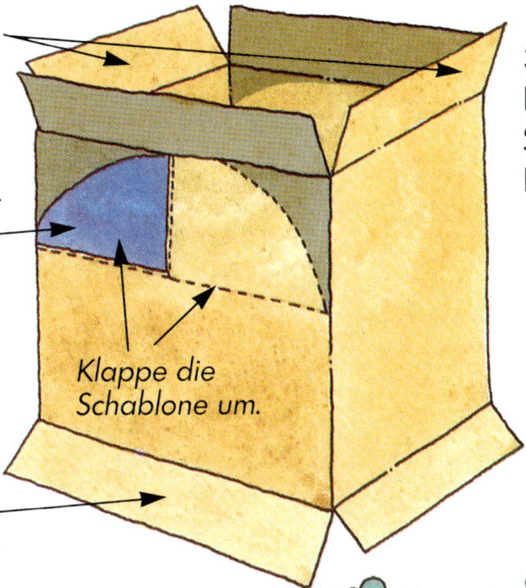

Die oberen Seitenlaschen bleiben.

Benutze eine Papierschablone, damit die Bogen gleich werden.

Klappe die Schablone um.

Schneide die unteren 4 Seitenlaschen ab.

2 Schneide ein Viereck für dein Gesicht aus. Drücke die Seitenlaschen nach unten, und klebe sie fest.

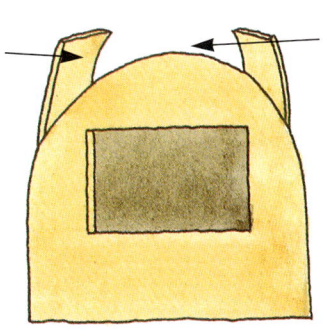

Herunterbiegen und festkleben

Decke die Lücken mit Folie ab

3 Schneide an beiden Seiten einen Halbkreis aus, damit der Helm auf den Schultern aufsitzt. Bohre vorn und hinten Löcher, ziehe die Schnur durch. Unterm Arm verknüpfen.

Bemale den Helm, beklebe ihn mit Alufolie, ausgeschnittenen Sternchen oder lustigen Stickern

Außerirdische

Wissenschaftler meinen, daß es im All noch andere Lebewesen außer uns geben könnte. Wie sie wohl aussehen? Hier sind 3 Masken von Außerirdischen zum Nachbasteln. Mit einer Schnur an beiden Seiten kannst du sie dir umbinden.

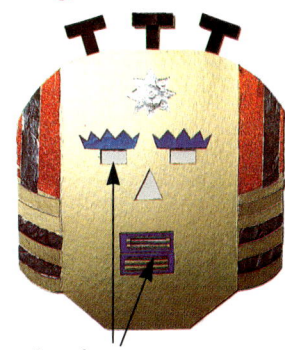

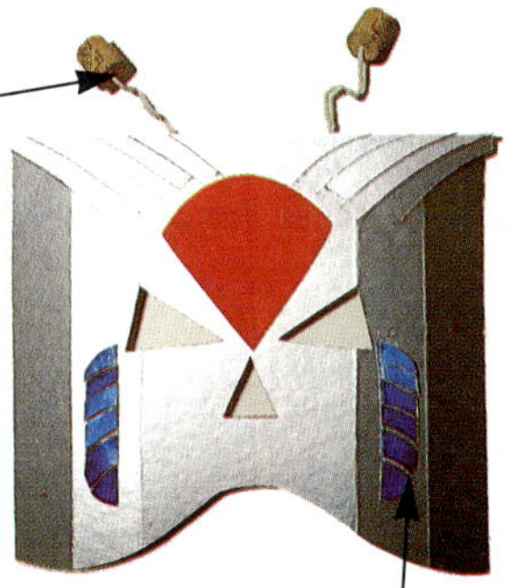

Löcher für Augen und Mund

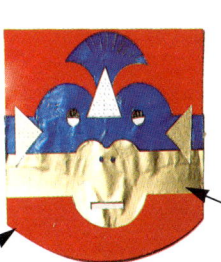

Antennen aus Pfeifenreinigern und Korkenstücken

aufgeklebtes farbiges Papier

dünner Karton

MEHR ÜBER FORSCHER

Berühmte Forscher

Die aus Skandinavien stammenden **Wikinger** machten sich schon im 8. Jahrhundert n. Chr. auf die Suche nach neuen Ländern. In ihren langen Booten kamen sie bis nach Island und Grönland und sogar bis nach Amerika.

Der Engländer **David Livingstone** durchquerte als erster Europäer Afrika. 1868 machte er sich auf die Suche nach der Nilquelle und blieb verschollen. Drei Jahre später wurde er von seinem Landsmann Henry Stanley, der mit einer Expedition nach ihm suchte, gefunden.

Frauen als Forschungsreisende waren noch im letzten Jahrhundert kaum vorstellbar. Doch **Mary Kingsley** reiste von 1893 bis 1895 durch Westafrika und sammelte seltene Fisch- und Insektenarten.

Jacques Cousteau ist ein berühmter Meeresforscher. Er konstruierte neuartige Tauchgeräte und experimentierte damit. Er ist auch der erste, der die Welt unter Wasser photographierte.

1492 segelte **Christopher Kolumbus** von Spanien los, um einen neuen Seeweg nach Indien zu suchen. Er wollte beweisen, daß die Erde rund und nicht flach ist und fuhr daher westwärts, statt nach Osten. Als er nach 2 Monaten Land sichtete, glaubte er, Indien erreicht zu haben. Gelandet war er jedoch auf einer Bahama-Insel vor der Küste Nordamerikas. Kolumbus hat nie erfahren, daß er Amerika entdeckt hatte.

Meriwether Lewis und **William Clark** durchquerten 1804-1806 als erste Europäer den mittleren Teil Nordamerikas – vom Mississippi bis zum Pazifik. Sie legten in den 2 Jahren rund 13 000 Kilometer zurück.

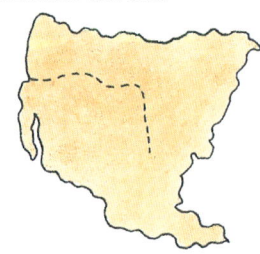

Der Norweger **Roald Amundsen** und seine Begleiter erreichten 1911 als erste Menschen den Südpol – einen Monat früher als eine britische Expedition unter **Robert Scott**. Die 5 Teilnehmer dieses britischen Teams erfroren auf dem Rückweg.

Der Bergsteiger und Forscher **Sir Edmund Hillary** und **Tenzing Norgay** standen 1952 als erste Menschen auf dem Gipfel des Mount Everest, dem höchsten Berg der Erde.

1961 flog der sowjetische Kosmonaut **Jurij Gagarin** als erster Mensch ins All. Der US-Astronaut **Neil Armstrong** betrat 1969 als erster Mensch den Mond.

Überlebenstips

In der Wüste

Nimm so viel Wasser wie möglich mit. Hast du keines mehr, nur in der kühlen Nacht weitergehen, um Körperflüssigkeit zu sparen. Einige Wüstenpflanzen enthalten Wasser, das man ausdrücken kann.

In den Tropen

Körper wegen Moskitos und anderer Insekten bedeckt halten. Schuhe und Bettzeug vor dem Hineinschlüpfen ausschütteln, falls sich dort Skorpione oder Schlangen niedergelassen haben.

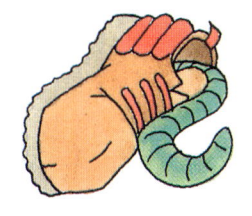

In Polarzonen

Vor Erfrierungen schützen warme Kleidung, warmes Essen und heiße Getränke.

Im Wasser

Nie ohne Rettungsweste segeln! Luftgefüllte Kleidung gibt Auftrieb.

Notsignale

Die folgenden Notsignale sind auf der ganzen Welt bekannt:

Benutze Steine und Holzstückchen, um die Zeichen auf der Erde auszulegen. Suche für das Signal eine große Lichtung aus, die gut aus der Luft gesehen werden kann.

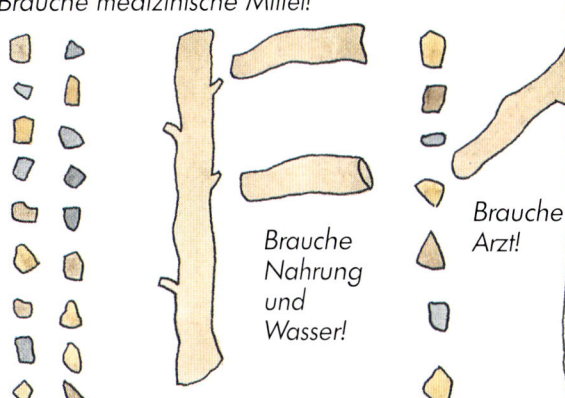

Hilfe!

Brauche medizinische Mittel!

Brauche Nahrung und Wasser!

Brauche Arzt!

FORSCHER-ABC

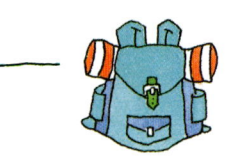

Äquator gedachte Linie um die Mitte der Erdkugel

Antarktis Schnee- und Eisgebiet um den Südpol

Arktis schnee- und eisbedecktes Land und Meer um den Nordpol

Atmungsgerät mit Sauerstoff gefülltes Gerät, das Taucher auf dem Rücken tragen

Außerirdische Wesen von einem anderen Planeten

Dschungel feuchtheißer, dichter Urwald

Expedition organisierte Forschungsreise

Iglu aus Schneeblöcken gebaute kuppelförmige Hütte

Klima für ein bestimmtes Gebiet typisches Wetter

Labyrinth Irrgarten, Durcheinander

Lagerplatz Übernachtungsplatz im Freien

Liane Schlingpflanze

Nordpol nördlichster Punkt der Erde

Pfad schmaler Weg

Proviant Verpflegung (Essen und Trinken) für eine Reise

Pyramide altes ägyptisches Grabmal

Route geplanter Reiseweg

Safari Reise in die afrikanische Wildnis

Schwerkraft Kraft, die uns auf der Erde hält

SOS internationales Notsignal

Südpol südlichster Punkt der Erde

Tiefsee Meer in 200 Meter Tiefe und darunter

Tropen heiße, regenreiche Zonen auf beiden Seiten des Äquators

Überleben am Leben bleiben

Tatsache?

● Die ersten Forscher dachten, die Erde sei flach. Sie hatten Angst, am Ende der Welt über den Rand zu fallen.

● Früher, als es noch keinen Kompaß gab, dienten die Sonne und die Sterne den Seefahrern als Wegweiser.

● Die Wikinger entdeckten lange vor Kolumbus Amerika.